Kristin Holighaus

ZOFF IN DER SCHULE

Tipps gegen Mobbing und Gewalt

Mit Zeichnungen von
Rolf Kutschera

W0087665

BELTZ
& Gelberg

Danksagung

Vielen Dank an alle, die mir geholfen haben, dieses Buch zu schreiben. Ganz besonders bedanke ich mich bei den Schülerinnen und Schülern, die bereit waren, mir offen ihre Geschichten zu erzählen und ihre Meinung zu sagen: den Klassen der Regenbogen-Grundschule in Taunusstein-Bleidenstedt, der Gesamtschule Ingelheim, des Adolf-Weber-Gymnasiums München, der Hauptschule am Gerhart-Hauptmann-Ring in München und des Städtischen Gymnasiums Pullach. Dank auch an die »Bus-Engel«, die Buddys, an Marcel, Franziska und Rebecca und natürlich an die Projektleiter, Lehrer und Rektoren, die mich bei der Recherche unterstützt haben.

Kristin Holighaus

www.beltz.de
Beltz & Gelberg Taschenbuch 5522
Originalausgabe
© 2004 Beltz & Gelberg
in der Verlagsgruppe Beltz · Weinheim Basel
Alle Rechte vorbehalten
Lektorat: Imke Meier
Neue Rechtschreibung
Einbandgestaltung: Max Bartholl
Einbandfoto: Andrew Parsons/dpa
Gesamtherstellung: Druckhaus Beltz, Hemsbach
Printed in Germany
ISBN 3 407 75522 8
1 2 3 4 5   08 07 06 05 04

INHALTSVERZEICHNIS

VORWORT

Mindestens 1800 Tage deines Lebens verbringst du in der Schule. Wenn du einmal Abitur machst, werden es sogar ungefähr 2600 Tage gewesen sein. Darunter gibt es sicherlich immer wieder Tage, an denen du dich von deinen Mitschülern ausgelacht, beschimpft oder verspottet fühlst. So wie Marcel, der seit Jahren in der Schule gemobbt wird. So wie Rebecca und Franziska, denen es lange Zeit genauso ging. Oder wie Alessa, die von einem Mitschüler erpresst und geschlagen wurde.

»Die Würde des Menschen ist unantastbar« steht ganz zu Anfang unseres Grundgesetzes. Es ist die wichtigste Regel für das Zusammenleben aller Menschen in unserem Land – egal ob in der Familie, unter Freunden oder in der Schule. Die Würde eines Menschen zu wahren bedeutet, dass du niemanden seelisch oder körperlich angreifen oder verletzen darfst. Und auch du selbst hast dasselbe Recht darauf, menschenwürdig behandelt zu werden. Doch was einfach klingt, scheint oft gar nicht so leicht zu sein.

Aus den Medien erfährst du immer wieder Nachrichten über grausame Kriminalfälle: Dass der 15-jährige Andreas aus Meißen vor den Augen seiner Mitschüler 22-mal auf seine Lehrerin eingestochen hat. Dass der 16-jährige Michael aus Brandenburg seinem Internatsleiter in den Kopf geschossen hat. Oder dass der 16-jährige Florian aus Coburg erst seine Lehrerin mit einem Schuss aus der Pistole verletzt und sich dann selbst erschossen hat. Diese Beispiele sind aber zum Glück nur schreckliche Ausnahmen. Die »typische« Gewalt an der Schule findet mit Worten statt.

Gewalt kommt in jeder Schule vor. Denn in der Schule ist es so wie überall, wo Menschen zusammen sind: Immer wieder entstehen Ärger, Konflikte und Streit. Und oft scheinen Anbrüllen oder Zuschlagen die einfachsten, direktesten Lösungen zu sein.

Das Gute ist: Wenn du willst, kannst du daran etwas ändern. Du wirst zwar nicht gleich die ganze Welt friedlicher machen – doch in deiner Klasse kannst du sicherlich etwas verbessern. Die Beispiele in diesem Buch zeigen dir, wie du Streitereien ohne Gewalt lösen kannst.

Ohne Angst macht Schule mehr Spaß. Und Schule mit Spaß erzeugt weniger Konflikte.

> Es gibt keine Schule, an der es keine Gewalt gibt. Wir sind zwar ausgezeichnet worden als eine »Schule ohne Rassismus«, aber auch bei uns gibt es immer mal wieder kleine Gewalttaten. Ist doch normal.
>
> JULIAN, 13

STREIT, AGGRESSIONEN UND GEWALT: WAS HEISST DAS ÜBERHAUPT?

Streit, Konflikte, Aggressionen und Gewalt – wenn du diese Begriffe liest, kannst du dir bestimmt vorstellen, was damit gemeint ist. Keine Frage: Hier geht's um mächtigen Ärger. Das stimmt zwar, aber ganz so einfach ist es trotzdem nicht. Denn jedes dieser Worte beschreibt ein anderes Gefühl und ein anderes Verhalten. Erst wenn klar ist, was genau hinter den Begriffen steckt, lässt sich auch verstehen, wieso ein lautstarker Streit etwas anderes ist als eine Ohrfeige oder warum das eine manchmal in dem anderen endet.

Konflikt und Streit

Gestern Nachmittag hatten Daniel und Max Krach. Wie fast jeden Tag waren sie nach der Schule zusammen zu Max gefahren. Diesmal wollten sie Max' neues Kartenspiel ausprobieren und hatten sich beide sehr darauf gefreut. Doch ziemlich schnell gerieten sie aneinander: Max kannte andere Regeln als Daniel, und jeder behauptete, Recht zu haben. Für einen kurzen Moment wurden beide richtig wütend. Daniel war schon drauf und dran, nach Hause zu fahren. Aber nach einer Weile vertrugen sie sich zum Glück wieder und Daniel konnte seine Jacke wieder ausziehen. Die Lösung war eigentlich ganz einfach: Sie haben die Regeln, nach denen sie spielen wollten, gemeinsam neu festgelegt. Ein paar Regeln waren von Max, andere stammten von Daniel. Am Ende machte das Spielen beiden doch noch richtig Spaß.

> Ein Konflikt ist, wenn zwei sich streiten.
>
> THOMAS, 13

> Ein Konflikt entsteht, wenn man verschiedene Meinungen hat.
>
> LISA, 13

Am Anfang wollten Max und Daniel nach unterschiedlichen Regeln spielen. Sie hatten einen **Konflikt.** Konflikte gibt es, seit es Menschen gibt, und sie können eigentlich überall auftreten: in der Familie, unter Freunden, in der Politik, im Verein und eben auch in der Schule. Das Wort »Konflikt« stammt aus dem Lateinischen und heißt so viel wie Zusammenstoß oder Kampf. Aber nicht jeder Konflikt muss gleich in einen schlimmen Kampf münden. Denn mit jemanden in Konflikt zu geraten oder sich gar richtig zu streiten, kann auch etwas Gutes haben: Zum Beispiel denkst du dadurch vielleicht über deine eigene Meinung nach und lernst, sie auch zu vertreten. Und du redest mit dem anderen, um zu einer Lösung zu kommen. Manchmal wird erst in einem solchen Gespräch richtig klar, was genau das Problem ist. Und oft findet sich auch schnell eine Lösung.

> Ein Streit kommt ja nicht plötzlich. Meistens staut sich was an und dann explodiert man halt. Und nach dem Streit verträgt man sich irgendwann wieder, weil der Ärger weggeht, wenn man dem anderen einmal die Meinung gesagt hat. Dann findet man alles gar nicht mehr so wild. Das ist ja ganz positiv.
>
> MALOU, 13

Schwierig wird ein Konflikt erst, wenn du dich davor drückst, deine Meinung zu sagen. Wenn du dich über etwas ärgerst, aber Angst vor Streit hast und deshalb nichts sagst. Wenn ihr nicht offen miteinander seid, wird der Konflikt immer größer. Oder wenn du unbedingt Recht behalten willst und deshalb dem anderen nicht zuhörst. Dann siehst du nur deine Meinung, ärgerst dich wahnsinnig, bist wütend oder sehr verletzt. Und vergisst dabei, dass es dem anderen wahrscheinlich ähnlich geht.

> Mir tut der Bauch richtig weh, wenn ich sauer bin. Oder ich schwitze ganz doll und kriege keine Luft mehr. Mir wird ganz heiß unter den Füßen, und ich fühle mich, als würde ich gleich in die Luft gehen.
>
> KLEMENS, 11

Wenn du einen Streit hast, zeigst du nicht nur sehr heftige Gefühle, sondern du spürst im ganzen Körper, wie verkrampft du bist oder wie sehr du dich eingeengt fühlst. All dies kann dein Gegenüber aber meistens gar nicht merken. Und auch du selbst kannst nicht sehen, was der andere denkt oder fühlt. Vielleicht ärgert er sich über etwas ganz anderes, als du denkst? Oder fühlt ganz anders, als du in einer solchen Situation fühlen würdest? Um einen Konflikt zu lösen, ist es immer sehr wichtig, sich vorzustellen, wie es dem anderen geht. Und das geht am besten, wenn ihr offen über eure Gefühle sprecht.

Bei Daniel und Max war das auch so: Während ihres Streits über das Kartenspiel hatte Max zuerst überhaupt nicht daran gedacht, dass Daniels Regeln genauso gültig sein könnten wie seine eigenen. Und auch Daniel merkte nicht, wie beleidigt Max war, als er ihm vorwarf, dass er doch gar keine Ahnung vom Kartenspielen hätte. Erst als sie sich beide ein bisschen abgeregt hatten, konnten sie über die Situation reden. Und sie stellten fest, dass es egal ist, wer welche Regeln kennt. Der Streit war vorbei, beide fanden eine gemeinsame Lösung. Im Nachhinein konnten sie nur noch über ihren albernen Streit lachen. Keiner konnte sich mehr vorstellen, warum es so weit gekommen war …

Aggressionen

Auf der letzten Klassenfahrt hatte sich Alessa mit ihrer besten Freundin Klara im wahrsten Sinne des Wortes »in die Haare gekriegt«. Worum es überhaupt ging, wissen beide schon nicht mehr richtig:

»Es war irgendeine Kleinigkeit«, erzählt Alessa. »Ich bin total aggressiv geworden und habe sie geschubst. Klara war auch voll aggressiv. Und dann haben wir uns gegenseitig an den Haaren gezogen.« Beide waren so sauer, dass sie gar nicht mehr nachdenken konnten. Jede wollte der anderen nur noch wehtun. Die Mitschülerinnen von Alessa und Klara brachten die beiden Streithähne schließlich auseinander. Doch es hat eine ganze Weile gedauert, bis sie sich wieder vertrugen.

> Aggressiv ist, wenn einer den anderen verprügelt oder einfach so ausflippt. Wenn ich aggressiv bin, bin ich sehr wütend und würde am liebsten um mich schlagen. Ich schreie rum und knalle Türen zu. Ich bin halt richtig sauer.
>
> SVEN, 13

»Der ist voll aggressiv«: Wenn du so etwas sagst, ist das meistens als Vorwurf gemeint. Oft findet man das Verhalten von anderen viel eher aggressiv als das eigene und Aggressionen gelten allgemein als etwas Schlechtes. Im Lateinischen, woher das Wort kommt, ist es aber gar nicht so negativ gemeint: Ursprünglich heißt »aggressiv sein« nämlich so viel wie angreifen oder aktiv zupacken. Und aktiv etwas anzugehen, ist ja zunächst einmal nichts Schlechtes. Für Sportler zum Beispiel ist es sogar besonders wichtig, aggressive Energie in sich zu spüren und angriffslustig zu sein, denn nur so haben sie eine Chance zu gewinnen.

Aktiv zu sein, heißt auch: deutlich zu sagen, wenn dir etwas stinkt. Es ist gut, wenn du dir Luft machen kannst und deine Gefühle herauslässt. Dabei ist es aber wichtig, für deine Aggressionen das richtige Ventil zu finden. Denn sonst können sich Aggressionen schnell in Gewalt äußern – so wie es bei Alessa und Klara passiert ist.

> **Wenn ich wütend bin, habe ich ein mulmiges Gefühl im Bauch. Da würde ich am liebsten gerade ausrasten. Dann habe ich eine riesige Wut in mir. Und kann an nichts anderes denken als an meine Wut.**
>
> BIRKE, 9

Dass Alessa und Klara so aggressiv geworden sind, ist nicht ungewöhnlich. Denn wir haben alle Aggressionen in uns. Forscher haben herausgefunden, dass jeder Mensch in seinen Erbanlagen Aggressionen gespeichert hat, die schon Milliarden von Jahren alt sind! Aggressionen gab es nämlich schon, bevor es überhaupt Menschen gab: Die ganze Entwicklungsgeschichte der Welt beruht darauf, dass schwächere Lebewesen von stärkeren vernichtet wurden. Das fing bei Zellen und Bakterien an, die sich gegenseitig auffraßen, und ging immer so weiter, bis nach diesem Prinzip erst einfache, dann immer kompliziertere Tiere und zum Schluss die Menschen entstanden.

Aggressionen kommen aus unserem Gehirn. Und auch das menschliche Gehirn hat sich erst mit der Zeit zu dem entwickelt, was es heute ist. In der Entwicklungsgeschichte unterscheidet man drei Phasen: Als Erstes entstand vor anderthalb Milliarden Jahren das **Stammhirn**. Es ist noch heute vor allem dafür zuständig, den Stoffwechsel auf Trab und die Körpertemperatur stabil zu halten. Erst eine halbe Milliarde Jahre später entwickelte sich dann in einer zweiten Phase das **Zwischenhirn**. Seine Aufgabe ist es, Erfahrungen zu sammeln. Damit sind aber nicht die Erfahrungen jedes Einzelnen gemeint, sondern die der gesamten Menschheit über einen Zeitraum von Milliarden von Jahren. Das Zwischenhirn enthält also eine riesige Sammlung an Erfahrungen und ein Programm dafür, wie Menschen allgemein mit bestimmten Erfahrungen umgehen. Bei Gefahr reagiert dieses Programm zum Beispiel automatisch mit dem Gefühl Angst. Und bei drohenden Angriffen gibt das Zwischenhirn den Befehl Aggression.

Diese festgelegten Reaktionen waren ursprünglich überlebenswichtig – zum Beispiel für die Neandertaler in der Steinzeit: Aggressionen halfen, sich gegen Feinde zu verteidigen und zu überleben. Nur deshalb hat die Menschheit sich weiterentwickelt.

Die Neandertaler konnten übrigens noch nicht denken und sprechen. Sie besaßen nämlich noch kein **Großhirn**. Das Großhirn entstand zuletzt. Im heutigen menschlichen Körper funktionieren alle drei Gehirnteile nebeneinander.

Die Gefühle und Verhaltensweisen der Neandertaler finden sich noch heute in jedem von uns wieder: Jeder Mensch hat

Angst, wenn Gefahr droht. Und jeder Mensch wird aggressiv, wenn er sich bedroht fühlt. Diese Reaktionen sind im Zwischenhirn fest vorprogrammiert. Weil das Zwischenhirn mächtiger ist als das Großhirn, setzt sich sein Reaktionsprogramm sehr oft durch. Das nennt man dann instinktives Handeln oder **Instinkt**. Manchmal, wenn du richtig wütend bist, kann das Zwischenhirn das Großhirn einfach ausschalten. Dann kannst du vor lauter Wut nicht mehr klar denken und wirst, im wahrsten Sinne des Wortes, »zum Tier«.

So war das auch bei Alessas und Klaras Streit: Beide waren so wütend, dass sie keine Kontrolle mehr über sich hatten. Erst als das Großhirn wieder eingesetzt hatte, konnten sie in Ruhe über das Geschehene nachdenken – und wunderten sich, warum sie so unkontrolliert reagiert hatten.

Ich kann nur an den Streit denken, wenn ich wütend bin. Ich denke dann immer was Böses, böse Wörter zum Beispiel.

JONAS, 9

Gewalt

Konflikte und Aggressionen können in Gewalt enden, wenn du es nicht schaffst, dich mit Hilfe von Worten auseinander zu setzen. Alessa und Klara gingen aufeinander los und zogen sich an den Haaren. Vielleicht hätten sie sogar angefangen, sich zu prügeln, wenn ihre Mitschülerinnen nicht eingegriffen hätten. Was sich zwischen den beiden abspielte, war gewalttätig, denn jede wollte der anderen wehtun. Und damit ist auch schon das wichtigste Merkmal von Gewalt genannt: Etwas passiert absichtlich.

> Gewalt ist, wenn einer zum anderen einen bösen Ausdruck sagt. Dann beschimpft man sich und fängt an zu schubsen. Und danach beginnt man sich zu schlagen, bis einer auf dem Boden liegt.
>
> CIHAN, 12

> Gewalt ist, wenn man einen erpresst, zum Beispiel um Geld.
>
> BARBARA, 11

> Gewalt ist, wenn man jemanden psychisch mit Wörtern fertig macht.
>
> CHRISTIAN, 12

Es muss nicht unbedingt ein Schlag oder ein Tritt sein. Schubsen und Beschimpfen gehören auch dazu, wie Cihan sagt. Oder erpressen und jemanden fertig machen, wie Barbara und

Christian meinen. Alles dies geschieht absichtlich und ist deshalb Gewalt. Zu Gewalt gehört auch, wenn du zum Beispiel die Faust schwingst oder eine Grimasse ziehst, um deinem Gegenüber Angst zu machen. Auch mit Worten kannst du gewalttätig werden: jemanden beleidigen, hänseln oder bedrohen.

> Gewalt ist für mich, wenn ich mit dem Messer bedroht werde oder mich jemand verprügelt. Oder wenn ich bedroht und geärgert werde. Manche machen das ja auch einfach aus Langeweile.
>
> ANDREAS, 13

Du hast das bestimmt auch schon erlebt: Dein Lehrer stellt auf dem Schulhof zwei Streithähne zur Rede und will genau wissen, was warum passiert ist. »Ich habe das ja gar nicht so gemeint«, heißt es dann oft als Entschuldigung. Aber wie etwas gemeint ist, darum geht es zunächst einmal gar nicht: Wichtig ist, was der andere empfindet. Denn Gewalt ausüben heißt, einem anderen Menschen etwas gegen dessen Willen aufzuzwingen – egal, ob das Schläge oder Beleidigungen sind. Sobald der andere sich dadurch verletzt fühlt, hat Gewalt stattgefunden. Wo genau die Gewalt anfängt, kann also am ehesten derjenige beurteilen, der davon betroffen ist, nicht unbedingt der, der sie zufügt.

> Wer jemanden mit einem Messer oder einer Pistole bedroht, fühlt sich selbst stark, weil er sieht, dass der andere Angst hat. Deshalb gibt es Gewalt – damit manche sich stark fühlen.
>
> LISA, 12

Lisa hat Recht – wenn jemand einen anderen bedroht, schlägt, erpresst oder beleidigt, geschieht das oft mit einem ganz

bestimmten Ziel: Wer andere klein macht, fühlt sich selbst
stark! Oft scheint es in einer schwierigen Situation ein Ausweg
zu sein, andere einzuschüchtern, anstatt seine eigene Unsi-
cherheit zuzugeben. Wer für stark gehalten wird, sieht sich
von anderen weniger bedroht. Wenn man Macht über andere
hat, kann man sich zumindest scheinbar sicher fühlen.

Täter oder Opfer?

In der Pause hatte Stefan Streit mit Paul. Dabei wurde er so wütend, dass er ihn mit dem Kopf gegen die Schulmauer gehauen
hat. Die Mitschüler sagen: »Stefan war's, er ist der Täter.« Und:
»Paul konnte nichts dafür, er war ja das Opfer.« Jemanden, der
andere bedroht oder verprügelt, bezeichnet man als »Täter«.
So wie Stefan. Wer verprügelt oder bedroht wird, ist das
»Opfer«. So wie Paul.

Aber ist es wirklich so einfach? Kann man wirklich so
leicht sagen, wer Opfer und wer Täter ist? Paul hatte sich vorher ziemlich über Stefan lustig gemacht, weil Stefan stottert.
Und je mehr Stefan sich über Pauls Hänseleien aufregte, umso
mehr begann er zu stottern. Stefan war das Opfer von Pauls
Hänseleien. Irgendwann sah er keine Chance mehr, sich mit
Worten gegen Paul zu wehren, und flippte aus. In dem Moment, als er Pauls Kopf gegen die Mauer schlug, wurde er zum
Täter. Und Paul zum Opfer von Stefans Gewalt.

Dass Stefan Streit mit Paul bekam, war kein Einzelfall. Er gehört in der Klasse zu keiner Clique richtig dazu und ist oft alleine. Die meisten finden ihn ganz okay, aber so richtig befreundet ist niemand mit ihm. Oft wird er wegen seines Stotterns

gehänselt. Bislang hat er die Sticheleien und bösen Bemerkungen immer hinuntergeschluckt und selber nichts gesagt. Aber das mit Paul ging zu weit – diesmal ist er einfach ausgeflippt. Er wollte nicht mehr einfach nur Opfer sein.

Für eine Untersuchung zum Thema Gewalt hat der Wissenschaftler Friedrich Lösel 1100 Schülerinnen und Schüler der siebten und achten Klassen befragt und herausgefunden, dass es vielen so geht wie Stefan: Jemand wird eher Opfer von Gewalt, wenn er nicht zu einer Clique gehört. Opfer wirken auf andere oft schwach und nachgiebig, häufig sind sie beim Rest der Klasse nicht sehr beliebt. Sie gelten als Außenseiter und werden deshalb von den anderen auch nicht verteidigt. Das heißt natürlich nicht, dass sie selbst an ihrer Opferrolle schuld sind. Oft gibt es gar keinen Grund dafür, warum jemand von der ganzen Klasse nicht gemocht wird.

Harte Jungs und brave Mädchen?

Ich glaube, Mädchen und Jungs streiten sich anders. Die Jungs sind meistens wütender als Mädchen. Mädchen schlagen nicht so schnell zu wie Jungs, weil sie nicht so stark sind. Die haben auch mehr Angst.

FELIX, 9

Die Jungs schlagen sofort zu, weil sie wissen wollen, wer stärker ist. Mädchen sind vielleicht zickiger, aber sie schlagen meistens nicht.

LINDA, 12

In Pauls und Stefans Klasse haben die Jungen den Pausenhof fest im Griff. Wenn sie Fußball spielen oder sich raufen, brauchen sie viel Platz, während die Mädchen häufig in Gruppen zusammenstehen und sich unterhalten. Auch im Unterricht sind die Jungen oft lauter als die Mädchen und halten sich seltener an die Regeln.

Das ist nicht nur in der Klasse von Paul und Stefan so, sondern lässt sich auch in anderen Situationen beobachten. Auch außerhalb der Schule versuchen Jungen oft, sich wie »richtige Männer« zu verhalten. Fit, schnell und stark zu sein ist wichtig für das Ansehen. Keiner will ein Loser sein, alle wollen dazugehören. Um sich einen Platz in der Clique zu ergattern, setzen Jungen viel häufiger als Mädchen körperliche Mittel ein.

> Jungs haben oft Sportvorbilder. Da geht es ja immer darum, der Beste zu sein: der Schnellste, Stärkste und so. Deshalb schlagen Jungs immer. Sie wollen gewinnen.
>
> BARBARA, 11

In seiner Untersuchung hat Friedrich Lösel herausgefunden, dass Jungen tatsächlich häufiger körperliche Gewalt anwenden als Mädchen. Jungen werden aber auch öfter Opfer von Gewalttaten als Mädchen!

> Gewalt ist für mich auch, wenn man belästigt wird. Wenn man an den Hintern gegriffen kriegt, ohne dass man das will. Wir hatten mal so einen in der Klasse, der hat das immer gemacht. Und wir konnten überhaupt nichts dagegen machen. Wir haben uns bei ihm beschwert, aber er hat es nicht gelassen.
>
> LISA, 12

Mädchen werden zwar seltener als Jungen Opfer von Gewalt in der Schule. Trotzdem haben Mädchen mehr Angst davor. So wie Lisa fürchten sie sich zum Beispiel davor, von den Jungs angegrabscht oder auf dem Heimweg angemacht zu werden. Sie versuchen deshalb verstärkt, mit anderen zusammen zu sein, und trauen sich manchmal nirgendwo mehr alleine hin – auch nicht auf die Toilette.

Mädchen prügeln sich nicht so häufig wie Jungen. Wenn sie sich ärgern, richten sie ihre Wut eher gegen sich selbst als gegen andere und werden traurig. Das ist nicht unbedingt besser, als sich zu prügeln, denn auf Dauer kann dieses Verhalten krank machen.

WIE GEWALT ENTSTEHT

> Wenn man Probleme mit der Familie hat oder Stress wegen den Noten, dann kann es schon mal sein, dass einer ausklinkt. Wer so ausrastet und zum Beispiel Amok läuft wie der Typ in Erfurt, hat meistens ja ziemliche Probleme. Nur wissen die anderen manchmal nichts davon.
>
> ALESSA, 12

Viele Wissenschafter haben schon versucht herauszufinden, warum jemand gewalttätig wird. Vor allem Psychologen beschäftigen sich damit. Sie haben verschiedene Ideen, die die Entstehung von Gewalt erklären:

- Manche Wissenschaftler nehmen an, dass Gewalt dann entsteht, wenn man sehr frustriert und unzufrieden ist. Das heißt aber nicht, dass jeder, der sehr frustriert ist, auch gewalttätig wird. Manche Menschen reagieren auf ihren Frust auch anders: mit Traurigkeit, Verdrängen oder Aufgeben.
- Andere Wissenschaftler glauben an die Erklärung vom »Modell-Lernen«. Sie glauben, dass man an einem Modell etwas beobachtet und es dann nachmacht. Das heißt, wenn jemand mal gesehen hat, dass Gewalt scheinbar erfolgreich ein Problem beseitigt, schlägt er ebenfalls zu, um ein Problem zu lösen. Vor allem in

Filmen wird oft gezeigt, dass durch Prügeleien eine Auseinandersetzung entschieden wird. Aber nur selten sieht man, wie in einem Film lange über etwas diskutiert und sich dann friedlich geeinigt wird.

Die meisten Psychologen glauben, dass die Ursache für Gewalt oft eine Mischung aus beiden Theorien ist: Wer gelernt hat, ein Problem anders als mit der Faust zu bewältigen, wird nicht bei jedem Frust sofort zuschlagen, sondern erst einmal friedliche Lösungen suchen.

Täter sind nicht selten selbst Opfer. Oft haben sie nicht gelernt, Konflikte ohne Gewalt zu lösen, weil niemand es ihnen beigebracht hat. Vieles hängt davon ab, wie zu Hause mit Konflikten umgegangen wird. Wo nicht geredet, sondern nur geschlagen wird, ist es schwierig, selbst anders zu reagieren. Wenn jemand zu Hause oft Opfer ist, wird er unter Umständen woanders leicht zum Täter. Wer nach Gründen für Gewalt an der Schule suchen will, muss deshalb nicht nur innerhalb, sondern auch außerhalb der Schule schauen.

Ursachen außerhalb der Schule

Fast immer spielen viele Ursachen eine Rolle, wenn jemand zuschlägt. Meistens sind sie gar nicht mehr so genau auseinander zu halten. Denn oft stauen sich viele verschiedene Erfahrungen und Erlebnisse auf, bevor es wirklich zu einer Gewalttat kommt. Um zu verstehen, was dabei im Kopf des Täters vorgeht, muss man viel über dessen Lebenssituation kennen. Vielleicht hatte er Stress zu Hause? Mit Freunden? Mit sich selbst?

Versuch doch mal, dir folgende Situationen so vorzustellen, als ginge es dabei um dich. Du wirst sehen, welche Gefühle aus den unterschiedlichsten Gründen entstehen können:

1. Probleme zu Hause

Zu Hause läuft es gar nicht gut. Deine Eltern streiten sich ständig und du findest das ziemlich schlimm. Manchmal bist du traurig, manchmal total wütend darüber. Vor allem deshalb, weil du gar nichts daran ändern kannst. An manchen Abenden schlägt dein Vater sogar deine Mutter. Du bist hilflos, weil du ihr nicht beistehen kannst. Und du bist wahnsinnig sauer auf deinen Vater. Warum macht er das?
Möglicherweise lebst du aber auch mit deiner Mutter allein. Deinen Vater vermisst du sehr. Seitdem deine Eltern sich haben scheiden lassen, bist du misstrauisch geworden, ob man sich auf andere wirklich verlassen kann. Und Zeit hat sowieso keiner für dich. Die Wut, die du manchmal hast, kannst du dir gar nicht richtig erklären.

2. Probleme im Wohnviertel

Du wohnst in einer Gegend, die nicht besonders toll ist. Eure Wohnung ist eng, dein Zimmer teilst du mit deiner Schwester. Das nervt total, nie kannst du machen, was du willst. Immer sollst du Rücksicht nehmen. Im Winter, wenn es draußen kalt ist, ist das besonders schlimm. Und im Sommer? Draußen ist ja nichts, wo du etwas unternehmen kannst. Für den Spielplatz bist du zu groß, ins Schwimmbad ist es ziemlich weit. Den anderen Kindern geht es genauso. Nachmittags langweilt ihr euch manchmal ziemlich.

3. Probleme mit der Clique

Bei deinen Freunden ist alles ganz klar geregelt: Mike ist der Chef, der hat alles im Griff. Was er sagt, das gilt. Er ist immer der Sieger, immer die Nummer 1. Aber um das zu sein, braucht er euch, die anderen. Zum Beispiel seinen besten Freund Peter, der immer genau das macht, was Mike von ihm will.

Und dann gibt es da noch dich und die anderen. In der Gruppe fühlst du dich sicher. Du gehörst dazu, du bist cool. Du machst bei allem Unsinn mit, Hauptsache, du bist dabei. Bloß nicht zeigen, dass du oft Angst hast. Nicht mitmachen? Kommt nicht in Frage. Dann bekämst du ziemlichen Ärger mit den anderen. Manchmal findest du dich selbst feige, weil du nicht »Nein« sagen kannst. Aber das Gefühl vergisst du lieber schnell wieder.

4. Probleme mit dir selbst

Du bist richtig sauer auf dich. Schon wieder eine Sechs in Mathe. Bei der Arbeit hast du dich einfach nicht konzentrieren können. Das wird zu Hause ziemlichen Ärger geben. Und jetzt ermahnt dich der Lehrer schon wieder, du sollst nicht so rumzappeln und nicht schwätzen. Dabei hast du Jonas doch nur mal kurz eine mit dem Lineal übergezogen, weil der deinen Radiergummi weggenommen hat. Oft fühlst du dich nicht so besonders wohl in deiner Haut. So wie jetzt.

Dies sind nur einige Situationen, mit denen viele Kinder und Jugendliche klarkommen müssen. Wie hast du dich gefühlt, als du das gelesen hast? Kannst du verstehen, dass man wütend sein kann, wenn zu Hause alles schief läuft?

Wer über seine Gefühle nicht nachdenkt oder nicht gelernt hat, Worte dafür zu finden, lässt stattdessen seine Launen oft an seinen Mitmenschen aus. Wer ohnehin schon aggressiv ist, glaubt oft, dass andere ihm etwas Böses wollen. Er kann sich nicht in andere hineinversetzen und mitfühlen, was in ihnen wirklich vorgeht. Das aber ist für ein friedliches Zusammenleben sehr wichtig. Mit einem Fachbegriff heißt dieses »Sich-in-den-anderen-Hineinversetzen« **Empathie**. Nur wenn du dich in jemand anderen hineinversetzen kannst, kannst du ihn auch verstehen.

> Wenn man weiß, wie der andere sich fühlt, dann schlägt man ihn auch nicht. Weil man sich dann ja vorstellen kann, dass das weh tut. Wenn man erst mal haut, dann wird das ja immer doller und dann kann man jemandem ja sehr wehtun. Deshalb ist es besser, das mit Worten zu regeln.
>
> JOHANNA, 8

Ursachen in der Schule

> Ich finde, die Lehrer sind auch Schuld, wenn die Schüler aggressiv oder depressiv sind. Aber viele Lehrer kümmert das überhaupt nicht. Eigentlich haben die doch Pädagogik gelernt, aber sie kümmern sich nicht.
>
> FELIX, 14

Zwei Stunden Mathe, dann eine Stunde Musik, eine Stunde Deutsch, eine Stunde Sozialkunde und am Ende Religion. Nachmittags noch mal zwei Stunden Sport. Eigentlich ganz schön viel, was heute wieder alles in deinen Kopf reinsoll. Alle 45 Minuten ein anderes Fach, ein anderes Thema, eine ganz andere Art zu denken. In manchen Fächern bist du vielleicht ganz gut, in anderen kommst du gerade so mit. In letzter Zeit ist es auf jeden Fall ganz schön schwer geworden. So viel Stoff und so viele Hausaufgaben. Dabei musst du doch gut sein, um die Schule zu schaffen!

Aber wieso eigentlich? Wieso musst du das alles können? Wieso musst du Dreisatz können, wenn du Stylistin werden willst? Und wieso ist die Grammatik für einen Schreiner wichtig? Muss ein Informatiker gute Aufsätze schreiben können? Muss ein Rechtsanwalt Ahnung von Chemie haben?

> Wir lernen ja für uns selbst, damit wir ein gutes Grundwissen haben. Aber man lernt trotzdem eine Menge Zeug, das man nicht wissen muss. Ich würde lieber praktischere Sachen lernen und mehr Schwerpunkte auf die Hauptfächer legen. Ist doch wichtiger, Englisch zu können als zu wissen, wie ein Kaiser im 18. Jahrhundert hieß.
>
> FELIX, 14

> Wir sind ja noch jung und können nichts entscheiden. Schule ist für uns Zwang, Alltag. Wir überblicken ja gar nicht richtig, wozu es gut sein soll.
>
> PHILO, 14

So richtig klar ist dir nicht, warum du das alles können musst. Du weißt nur, dass du gut sein sollst. Sonst sind deine Eltern bei der Vier in Biologie wieder sauer und es gibt Zoff. Und du selbst fühlst dich auch mies, weil du es wieder nicht geschafft hast, mal eine Drei zu schreiben, wo du dir doch solche Mühe gegeben hast?! Du hast die ganze letzte Woche gelernt – nur um eine gute Note zu bekommen. Dabei bist du dir ziemlich sicher, dass es später in deinem Leben wahrscheinlich nie wieder wichtig ist zu wissen, was genau bei der Photosynthese passiert. Aber trotzdem fühlst du dich unter Druck gesetzt, denn jeder weiß ja irgendwie, dass man ohne guten Schulabschluss heute keine Chancen mehr hat …

Die Noten sind ein wahnsinniger Druck. Wahlkurse, wo man keine Noten bekommt, machen total Spaß und da lernt man viel. Aber die Noten machen Stress.

ERIK, 13

Manchmal, wenn ich vor einer Arbeit sitze und wieder nichts kann, dann denke ich: »Müllmann werden ist auch nicht schlecht.« Es kann ja sein, wenn man schlecht in der Schule ist, dass man dann nur so einen Scheißjob kriegt. Ich hätte dann doch lieber einen Job am Schreibtisch.

FABIAN, 12

In der Schule gilt wie auch sonst im Leben: Erfolg ist das Wichtigste. Eine schlechte Note ist wie ein Stempel, auf dem »Versager« steht. Das sagt zwar keiner so deutlich, aber du spürst es doch. Klar, dass das ans Selbstbewusstsein geht. Oder wütend macht, zumal wenn du das Gefühl hast, dass die Note ungerechtfertigt ist.

Unser Schulsystem bewertet deine Leistung und bestimmt damit einen Großteil der Chancen, die du später im Leben hast. Schon ab der 5. Klasse zeigt sich oft, ob du mal Abitur machen wirst, welche Art von Beruf du ergreifen und wie viel Geld du verdienen kannst. Das ist ziemlich früh, oder?

> Mich stresst die Schule total. Immer früh aufstehen und dann abends immer früh ins Bett gehen, damit man in der Schule ausgeschlafen ist. Mittags viele Hausaufgaben, so dass man nicht mit seinen Freunden spielen kann. Und das alles fünfmal die Woche, so dass man nur zwei Tage zum Ausruhen oder Einkaufen oder so hat.
>
> FABIAN, 12

Schule ist die bestimmende Größe in deinem Leben. Auch später einmal, wenn du schon gar nicht mehr auf der Schule bist. Jetzt gehst du nämlich jeden Tag dorthin und sammelst jede Menge Erfahrungen und Eindrücke, gute und schlechte. Was dort passiert, beeinflusst maßgeblich, wie du dich entwickelst. Aber leider geht es in der Schule oft ausschließlich um das Lernen bestimmter Inhalte. Und nicht darum, was du für ein Mensch bist und welche Fähigkeiten du sonst noch hast. Dein Lehrer weiß nicht, wofür du dich privat interessierst. Ob du gerade mit deiner Basketball-Mannschaft in die nächste Liga aufgestiegen bist. Ob du deinem Vater das Computerprogramm neu einrichtest, wenn der PC mal wieder abgestürzt ist. Oder ob du freiwillig oft auf deine kleine Schwester aufpasst und deinen Eltern dadurch ziemlich hilfst.

Dabei sind auch diese Dinge sehr wichtig. Mathe und Geschichte sind nicht das Einzige, womit du dich später im Leben mal auskennen musst. Es ist genauso wichtig zu lernen, wie du gut mit anderen auskommst. Wie du deine eigenen Interessen vertrittst und gleichzeitig auf andere Rücksicht nimmst. Wie du Kompromisse eingehst und mit anderen zusammenarbeitest oder eine Lösung für eine Aufgabe findest. All das wird später bei der Arbeit und in deinem Leben wichtig sein. Aber: Dafür gibt es kein Unterrichtsfach und keine Noten. Das zu lernen – oder auch nicht – läuft leider oft nur nebenher.

> Die Lehrer sind oft hilflos, weil sie nicht mit uns fertig werden. Deshalb gibt es immer nur Verweise. Dabei könnte ein Lehrer ja auch mal mit einem reden, wenn sie merken, dass man Probleme hat und deshalb vielleicht immer stört.
>
> ERIK, 13

Oft ist nicht die Schule allein schuld daran, dass jemand gewalttätig wird. Aber: Genauso oft tut sie auch nichts dagegen. Lehrer merken viel zu selten, wenn mit jemandem etwas nicht stimmt. Stress und Leistungsdruck können Aggressionen noch verstärken. Das ist auch Wissenschaftlern klar: »Wo scharfer Wettbewerb und unfaire Leistungsbeurteilung herrschen, steigt das Gewaltniveau deutlich an«, sagt der Erziehungswissenschaftler Peter Struck.

> Oft haben Lehrer vor uns keinen Respekt. Wenn ein Lehrer vor mir keinen Respekt hat, habe ich auch keinen Respekt vor ihm. Wer mich nicht akzeptiert, den akzeptiere ich auch nicht.
>
> MORITZ, 14

SIND DIE MEDIEN AN ALLEM SCHULD?

Im April 2002 erschoss der 19-jährige Robert am Erfurter Gutenberg-Gymnasium 17 Menschen: zwölf Lehrer, zwei Schüler, die Sekretärin, einen Polizisten – und sich selbst. Kurz vorher war Robert von der Schule geflogen, ohne Schulabschluss. Robert war Mitglied im Schützenverein und ein großer Fan der »Terminator«-Filme mit Arnold Schwarzenegger. Als die Polizei später sein Zuhause durchsuchte, fand sie über 30 Horrorvideos und viele Computerspiele, darunter »Counterstrike«.

Bei dem Amoklauf in seiner ehemaligen Schule ging Robert so vor, wie es auch in »Counterstrike« Methode ist: Er öffnete die Klassenzimmertüren und schoss gezielt auf seine Opfer. Ist das Computerspiel also schuld daran, dass Robert zum Mörder wurde?

Vor einigen Jahren zerstückelten zwei zehnjährige Jungen in England ein zweijähriges Kind. Wie das geht, hatten sie vorher im Fernsehen gesehen. Ein 14-Jähriger tötete in Passau seine zehnjährige Kusine, nachdem sie sich gemeinsam ein Horrorvideo angeschaut hatten. Wurden diese Kinder zu Killern, weil sie vorher ferngesehen hatten?

Viele Erwachsene sagen: »Die Computerspiele werden ja immer brutaler, da gewöhnen sich Kinder dran, dass man alles wegschießt, was einem nicht gefällt.« Oder: »Im Fernsehen sieht man ja nur noch Mord und Totschlag, auch in den Zeichentrickfilmen. Und in den Nachrichten gibt es nur Berichte über Krieg.« Die Medien spielen eine große Rolle in unserem Leben, das ist klar. Aber wie groß ist der Einfluss von Fernsehen, Videos oder Computerspielen wirklich?

Schöne, bunte Fernsehwelt?

Untersuchungen zeigen: Kinder und Jugendliche sehen täglich zwischen drei und sieben Stunden fern. In fast der Hälfte aller gezeigten Sendungen gibt es mindestens eine Gewaltszene. Pro Woche zeigt das deutsche Fernsehen, wenn man alle Sender zusammenzählt, durchschnittlich 2745 solcher Gewaltszenen! Dazu gehören Berichte über Morde und Kriege in den Nachrichten genauso wie Gewaltexzesse in Action-Filmen oder Comics. Würde man alle diese Szenen hintereinander zeigen, ergäbe das einen 25-stündigen Dauergewaltclip. Bis zu seinem zwölften Geburtstag hat ein Kind schon durchschnittlich 14.000 Morde im Fernsehen oder auf Video gesehen! Die meisten Gewalt verherrlichenden Filme werden von Jugendlichen zwischen 13 und 19 Jahren gesehen, die ersten Horrorfilme sieht ein Kind meistens mit etwa zehn Jahren.

In einer Umfrage gaben mehr als die Hälfte der befragten Kinder an, am liebsten Action-Filme zu sehen. Dazu gehören: Abenteuerfilme, Gruselfilme, Western, Kriegsfilme, Science-Fiction usw. Nur ein Drittel sieht lieber Komödien.

Fest steht, dass Kinder gerne und viel fernsehen. Vor dem Fernseher bekommst du viel mehr Gewalt mit als im wirklichen Leben. In Filmen und Zeichentrickserien wird Gewalt sehr oft als die beste Lösung für Schwierigkeiten aller Art dargestellt. Und mehr als das: In der Regel aber ist es nicht unbedingt die beste, sondern die einzig gezeigte Lösung, um einen Konflikt zu regeln! Und nur sehr selten folgt auf die ausgeübte Gewalt eine gerechte Strafe.

> **Wenn ich etwas anschaue, dann entwickle ich für den Guten Sympathie. Wenn der am Ende vom Film gewinnt, dann bin ich zufrieden.**
>
> LISA, 13

In den Filmen ist alles klar geregelt: Es gibt »gut« und »böse«, »stark« und »schwach«, »Sieger« und »Verlierer«. Dabei siegen das »Gute« und »der Starke« am Ende über das »Böse« oder »den Schwachen«. Im wirklichen Leben ist das aber längst nicht immer so: Es lässt sich nicht alles so einfach in »schwarz« und »weiß« und »gut« und »böse« einteilen. Und auf ausgeübte Gewalt folgen, anders als im Film, auch meistens Konsequenzen: Strafe, Schläge, Schmerzen, Angst.

Aus der Film- und Fernsehwelt lernen wir, dass man sich »durchboxen« und andere wegdrängen muss, wenn man erfolgreich sein will. In der Wirklichkeit ist das keine nachahmenswerte Methode.

Meistens sind es in den Filmen übrigens Männer, die gewalttätig sind, viel seltener Frauen. Frauen oder Mädchen verkörpern in Filmen meist die Opferrolle.

Jungen und Mädchen sehen die Filme auch auf unterschiedliche Weise: Eine Untersuchung hat ergeben, dass Jungen sich nach solchen Action-Filmen stärker und mächtiger fühlen.

> Mitleid habe ich nie, wenn ich Fernsehen schaue. Manchmal finde ich etwas eklig, wenn jemand zerstückelt wird, aber Mitleid habe ich nicht mit dem Opfer.
>
> PHILLIP, 13

So wie Phillip fühlen Jungs mit den Opfern meistens nicht mit. Anders hingegen die Mädchen: Sie haben häufiger Mitleid mit den Filmfiguren und verspüren nach dem Ansehen von Gewalt eher Angst.

> Bei »Pearl Harbour« habe ich auch geheult. Da hatte ich viel Mitleid mit allen, die bei dem Angriff starben. Und der Film beruht ja auf einer wirklichen Tatsache – plötzlich kam die Bombe und alle starben. Das ist wirklich passiert.
>
> MARIA, 13

Wissenschaftler sind der Meinung, dass Jungen beim Erleben von Gewalt im Fernsehen oft zu wenig, Mädchen zu viel Mitgefühl, also Empathie, haben.

Trainingsprogramme für Killer?

Für die umstrittenen Computerspiele gilt Ähnliches wie für Film und Fernsehen: Vor allem Jungen spielen gerne solche Spiele und auch hier geht es nur sehr selten um Empathie. Dein Gegenüber im Computerspiel fordert nicht zum Mitgefühl heraus, sondern zum strategischen Denken oder zu schneller Reaktion beim Handeln. Wenn du beim Computerspiel gewinnen willst, darfst du keine Empathie entwickeln, sonst ist der Sieg in Gefahr. Du musst schneller, stärker, besser sein als dein Gegner.

Bei den so genannten »Action-Strategy-Games« müssen strategische Kämpfe geführt werden. Dabei steht das »Erledigen« der Gegner im Mittelpunkt. Als Spieler musst du dich darauf konzentrieren, Bedrohungen abzuwehren. Den eigentlichen Inhalt, nämlich dass du jemanden z.B. *erschießt*, bekommst du gar nicht so richtig mit. Für dich ist es wichtig, die Aufgabe zu *erledigen*.

> Ich spiele gerne »Counterstrike«. Da spielen zwei Teams, die von zwei Punkten aus starten, und man muss erreichen, dass man das andere Team komplett ausschaltet, indem man es abknallt.
>
> MORITZ, 13

> Ich spiele fast nur Ego-Shooter-Spiele. Also »Counterstrike« oder »Tournament«. Es ist was anderes als das richtige Leben, denn im richtigen Leben kann man ja nicht rumlaufen und alle abballern. Mich reizt auch, dass es meine Eltern verbieten.
>
> GEORG, 13

Auch Robert aus Erfurt war fasziniert von »Counterstrike«. So wie Moritz und Georg. Doch er hat das Spiel in die Wirklichkeit übertragen: Wie im Spiel, wo du mit Messern, Kettensägen, Pistolen oder Granatwerfern alles vernichtest, was sich dir in den Weg stellt, hat Robert mit einer Pistole die von ihm gehassten Lehrer erschossen.

Hat er nicht nur im Schützenverein, sondern auch am Computer dafür regelrecht geübt? Kannte Robert den Unterschied zwischen der virtuellen Computerwelt und der Wirklichkeit überhaupt noch? Sind Spiele wie »Counterstrike«, »Diablo II« oder »Doom« eine Art Trainingslager für zukünftige Killer?

Ich glaube natürlich, dass man die Wirklichkeit von Computerspielen unterscheiden kann. Aber wenn man ein schlechtes Umfeld hat, sich z. B. die Eltern immer streiten, und man sich dann in die Computerspiele versenkt, ist das schon was anderes. Wenn jemand viele Probleme hat, will er sich vielleicht an der Welt rächen. Oder wenn man keine Freunde hat, will man das machen, um sich aufzuspielen.

PHILO, 14

Philo hat Recht. Und sicher ist auch dir klar, dass das am PC »doch nur ein Spiel« ist. Für dich geht es nicht darum zu töten, sondern du willst die Aufgaben im Spiel bewältigen und gewinnen. Aber völlig harmlos sind diese Spiele trotzdem nicht. Denn du lernst dabei nicht, dich wirklich mit deinem Gegner auseinander zu setzen oder gar Mitgefühl zu entwickeln. Stattdessen geht es um Gewalt und das »Ausschalten« der Gegner. Das Leid der Opfer bleibt dir erspart – denn es sind ja nur computeranimierte Wesen, die dir gegenüberstehen.

Je mehr Zeit man so am Computer verbringt, desto weniger Zeit hat man, um sich mit echten Menschen zu beschäftigen. Empathie und Mitgefühl sind aber nur in der wirklichen Welt erlernbar.

Virtuelle Welt und Wirklichkeit

Heißt das aber automatisch, dass Gewaltdarstellungen in den Medien verantwortlich für Gewalttaten in der Realität sind? Die Antwort darauf ist gar nicht so einfach. Die Wissenschaftler streiten sich darüber. Vor allem haben sie unterschiedliche Erklärungen dafür, was Gewalt im Fernsehen und Gewaltspiele am Computer bewirken können.

Die einen befürchten, dass man genau das nachahmt, was man im Fernsehen sieht oder am Computer spielt. So etwas kommt in Einzelfällen auch vor – wie der Amoklauf von Robert aus Erfurt zeigt. Trotzdem ist diese Meinung aber mittlerweile widerlegt. Dagegen spricht nämlich, dass die Gewalt unter Kindern und Jugendlichen nicht zugenommen hat, seitdem es Fernsehen und Computer gibt. Und sie stieg auch nicht an, als immer mehr Kinder ihren eigenen Fernseher bekamen.

Andere Wissenschaftler befürchten, dass man sich daran gewöhnt, wenn man ständig Morde, Kriege und Tote im Fernsehen sieht. Sie glauben, dass man dadurch »abstumpft«, also immer weniger Mitgefühl hat und es dann auch nicht schlimm findet, wenn jemand im wirklichen Leben verprügelt wird. Tatsächlich haben Untersuchungen gezeigt, dass das ständige Sehen von Gewalt im Fernsehen die Einstellung der Menschen zur Gewalt langfristig verändert und man wirklich gleichgültiger wird.

Manche spielen »Ego-Shooter«-Spiele, wenn sie wütend sind. Und dabei reagieren sie sich dann halt ab. Ist doch in Ordnung so.

STEFANIA, 13

Es gibt aber auch Wissenschaftler, die dasselbe sagen wie Stefania: Sie glauben, dass das Ansehen von Gewalttaten verhindern kann, dass man selbst gewalttätig wird. Denn was man auf dem Bildschirm sehe, befreie einen von eigenen Aggressionen, die man dann nicht mehr selbst ausleben müsse.

Keine dieser Ansichten stimmt für sich allein als einzige Erklärung. Welchen Einfluss Gewalt im Fernsehen oder in Computerspielen auf dich hat, ist ein bisschen komplizierter. Denn wie genau das, was man auf dem Bildschirm sieht, auf den Zuschauer wirkt, ist bei jedem unterschiedlich: Bei manchen löst es Ängste oder Frust aus, andere macht es aggressiv, wieder anderen hilft es, sich abzureagieren oder Mitleid zu empfinden. Welches dieser Gefühle bei dir vorwiegend entsteht, hat etwas damit zu tun, wie das Gesehene auf dich oder dein Leben, deine Familie und deine Situation passt. Wenn du Ähnlichkeiten erkennst, weil es zum Beispiel auch in deiner Familie häufig Streit ohne friedliche Lösungen gibt, ist es wahrscheinlicher, dass dich das Gesehene in deinem Verhalten beeinflusst. Hat das Dargestellte dagegen überhaupt nichts mit deinem eigenen Leben zu tun, wird es vermutlich auch keine großen Auswirkungen auf dein Handeln haben.

Der 19-jährige Robert aus Erfurt muss sehr verzweifelt gewesen sein. Einmal war er schon durchs Abi gerasselt, den zweiten Versuch traute er sich nicht mehr zu. Er fälschte Arztatteste, um keine Klausuren schreiben zu müssen. Als das herauskam, flog er von der Schule – ohne einen Abschluss. Er traute sich nicht, seinen Eltern davon zu erzählen. Er kam sich vor wie ein Versager. Was sollte ohne Schulabschluss aus ihm werden? Robert sah keine Lösung. Er fasste den Entschluss, sich umzubringen. Doch vorher wollte er sich noch an denjenigen rächen, denen er die Schuld an seiner Lage gab: den Lehrern.

Hätte Robert einen Abschluss gemacht, vielleicht eine Lehrstelle bekommen in einem Beruf, der ihm Spaß gemacht hätte – vielleicht hätte er kein Blutbad angerichtet. Robert hat nicht allein deshalb getötet, *weil* er »Counterstrike« gespielt hat. Aber er hat getötet *wie* in »Counterstrike«.

Also: Niemand wird allein dadurch gewalttätig, dass er vor dem Bildschirm sitzt. Aber bestimmt ist es so, wie der Sozialforscher Friedrich Lösel sagt: Die meisten schlechten Auswirkungen sind indirekt – das heißt, es gibt zwar oft Zusammenhänge, sie sind aber nicht so einfach zu durchschauen. Durch Filme und Computerspiele gewöhnst du dich an gewalttätige Aktionen, siehst andere leicht als Feinde an und bekommst vielleicht sogar eine negative Sicht auf die Welt. Die Wahrscheinlichkeit ist groß, dass dadurch auch dein eigenes Handeln beeinflusst wird. Welchen Einfluss Fernsehen hat, hängt damit zusammen, welche Rolle es bei dir zu Hause spielt: Wie oft und in welchen Situationen du fernsiehst. Ob du mit deinen Eltern fernsiehst und ob ihr über das Gesehene sprecht. Und vor allem, ob ihr gemeinsam auch andere Dinge unternehmt.

BIS DIE FETZEN FLIEGEN:
STREIT UND STREITLÖSUNGEN

Wenn wir Streit haben, dann setzen wir uns in der Pause zusammen und reden drüber. Aber neulich war ich so sauer auf Julia aus der C-Klasse und wir konnten das nicht lösen. Die hat von mir Sachen kaputtgemacht und wollte sie nicht bezahlen. Ich habe dann mit ihr telefoniert und gesagt: »He, wenn ich dich das nächste Mal sehe, kannst du was erleben.« Da hat sie dann zu meiner Mutter gemeint, ich wolle sie totschlagen oder so.

Ich wäre aber auch am liebsten hingegangen und hätte ihr eine reingehauen. Aber so was mache ich halt nicht, ich rede eher. Wenn ich sie schlage, dann hat sie nur Angst vor mir. Aber das Problem ist ja dann immer noch nicht geklärt. Also bringt mir Schlagen ja selbst nichts. Jetzt tue ich so, als wäre sie Luft für mich. Ich kenne sie einfach nicht mehr.

NICOLE, 13

Bei dem Streit zwischen Nicole und Julia ist es zwar nicht zu Gewalt gekommen, aber sie haben ihren Streit auch nicht lösen können. Dabei gibt es eine ganz gute Methode, wie man bei einem Streit gemeinsam nach einer Lösung suchen und sich wieder vertragen kann: Die **Mediation**.

Mediation – was ist das?

Die Idee zur Mediation kommt aus Amerika. Mediation heißt so viel wie Vermittlung und ist auch für Erwachsene eine Möglichkeit, sich ohne Anwendung von Gewalt und ohne Gerichtsverhandlung zu einigen. Bei Trennungen von Ehepartnern, Unstimmigkeiten zwischen Arbeitskollegen oder bei Streit um kleinere Geldbeträge kann man versuchen, über Mediation eine Lösung zu finden.

Ein Mediator ist kein Richter, sondern ein Schlichter, der dabei hilft, einen Streit beizulegen. Er ist neutral, das heißt, er ergreift für keinen der Streitenden Partei.

Bei der Mediation geht es nicht darum zu klären, wer Recht und wer Unrecht hat, und es gibt auch keinen Schuldigen oder Unschuldigen, keinen Gewinner oder Verlierer. Denn ein Streit ist oft eine Folge von Missverständnissen, verschiedenen Bedürfnissen und unterschiedlichen Wahrnehmungen. Bei der Mediation wird nach einer Lösung gesucht, mit der alle zufrieden sind. So kann jeder der Streitenden ein Gewinner sein.

Streitschlichtung durch Konfliktlotsen

Auch an vielen Schulen gibt es mittlerweile Mediatoren. Meistens heißen sie dort Streitschlichter oder Konfliktlotsen. Mitschüler versuchen, den Streit zwischen anderen Schülern zu schlichten. Fachleute nennen das »Peer Mediation«, Vermittlung durch Gleichaltrige.

Der Vorteil davon ist, dass du dich von einem Mitschüler sicherlich besser verstanden und weniger bevormundet fühlst als von einem Erwachsenen. Du hast wahrscheinlich mehr Vertrauen und akzeptierst Gleichaltrige eher – das sind gute Voraussetzungen für eine Mediation. Außerdem hat Streitschlichtung durch Schüler den großen Vorteil, dass man dabei lernt, für sich selbst Verantwortung zu übernehmen: Denn sich nach einem

Streit zu einigen ist oft schwieriger, als eine Strafe abzusitzen, die dir ein Erwachsener aufgebrummt hat.

Bei einer Streitschlichtung lernst du, über Konflikte zu reden und die eigene Meinung zu überdenken. Und das bringt viel. Wissenschaftler haben herausgefunden, dass Schüler, die einmal einen Streit erfolgreich durch Mediation gelöst haben, selten wieder in eine heftige Auseinandersetzung geraten!

> **Manche kommen freiwillig, manche werden von den Lehrern sehr stark aufgefordert, hierher zu kommen. Die coolen Checker wollen sich von uns nicht schlichten lassen, die finden das albern.**
>
> MICHAEL, 14

Wer kann Streitschlichter werden?

Michael geht in die achte Klasse des Adolf-Weber-Gymnasiums in München. Im letzten Schuljahr wurde er zum Streitschlichter ausgebildet.

An manchen Schulen werden Streitschlichter erst ab der neunten Klasse eingesetzt, an anderen schon ab der sechsten Klasse. Klar, dass jüngere Schüler nicht den Streit zwischen älteren lösen können – die würden sie sicher nicht ernst nehmen. Aber als Sechstklässler kannst du zum Beispiel bei der Streitvermittlung von Fünftklässlern und Gleichaltrigen helfen. Deshalb gibt es im Adolf-Weber-Gymnasium schon Sechstklässler, die als Streitschlichter tätig sind.

Wie man zum Streitschlichter wird, ist von Schule zu Schule unterschiedlich. An manchen Schulen werden die zukünftigen

Konfliktlotsen von den Lehrern vorgeschlagen, an anderen kannst du dich freiwillig dafür melden. In München werden die Streitschlichter von ihren Mitschülern gewählt.

Übrigens: Es sind nicht unbedingt die guten oder bei Lehrern besonders beliebten Schüler, die als Konfliktlotsen geeignet sind! Beobachtungen haben gezeigt, dass auch Schüler, die von Lehrern oft als Störenfriede bezeichnet werden, als Konfliktlotsen gute Arbeit leisten. Denn gerade sie sind bei anderen Schülern oft sehr anerkannt.

Die Ausbildung zum Streitschlichter

Wenn du lernen willst, wie eine Streitschlichtung funktioniert, musst du so wie Michael erst einmal eine Ausbildung zum Konfliktlotsen machen. Oft bieten Lehrer Kurse an, oder sie laden Fachleute ein, die eine Einweisung in die Streitschlichtung geben. Wenn deine Eltern damit einverstanden sind, kann es auch schon losgehen. Meistens dauert die Ausbildung einige Zeit, man trifft sich jede Woche ungefähr zwei Stunden entweder während des Unterrichts oder innerhalb von Arbeitsgemeinschaften. Michael ist zusammen mit seiner Gruppe sogar eine Woche gemeinsam auf ein Seminar gefahren, um alles zu lernen. Am Ende der Ausbildung bekamen alle Teilnehmer ein Zertifikat.

Bei uns wurden im letzten Schuljahr 30 Schüler ausgebildet. Richtig im Einsatz sind wir erst seit einem halben Jahr. Wir sind die ersten Streitschlichter an unserer Schule.

MICHAEL, 14

Als Streitschlichter oder Konfliktlotse lernst du, bei einem Streit nach Lösungen und Kompromissen zu suchen. Meistens arbeiten Konfliktlotsen zu zweit, denn das ist oft einfacher, als wenn man allein zwei Streithähnen gegenübersitzt. Außerdem können so die erfahrenen Streitschlichter die jüngeren anfangs unterstützen.

> Wir selbst sagen es den Schülern nicht, dass sie zu uns kommen sollen. Dann wären wir ja eher so was wie »Hilfs-Sheriffs« und voll unbeliebt. Wenn wir welche auf dem Schulhof sehen, die sich schlagen, dann holen wir den Lehrer. Selbst eingreifen tun wir da nicht, das könnte ja auch gefährlich werden.
>
> MICHAEL, 14

Was Michael sagt, ist wichtig: Als Streitschlichter bist du kein »Hilfs-Sheriff«, kein Spitzel und auch nicht Teil einer Eingreiftruppe bei Schlägereien. Voraussetzung für eine erfolgreiche Streitvermittlung ist immer, dass die Streitenden freiwillig an der Schlichtung mitarbeiten wollen!

Als Streitschlichter lernst du, wie wichtig Körpersprache ist und welche Wirkung sie auf andere hat. Deshalb übst du während deiner Ausbildung auch, wie du gezielt deinen Körper einsetzen kannst, um Ruhe und Konzentration zu vermitteln. Du lernst, aufmerksam und entspannt dazusitzen, die Arme locker zu halten und langsam und ruhig zu sprechen. Außerdem wird dir gezeigt, wie du deutlich machst, dass du richtig zuhörst: den anderen genau ansehen, nachfragen, nicken, zusammenfassen, was gesagt wurde. Das nennt man »aktives Zuhören«.

Als Streitschlichter sollst du einem Streitenden helfen zu erzählen, was aus seiner Sicht passiert ist. Dabei ist es wichtig, Verständnis zu zeigen, aber keine Vorwürfe zu machen. Deine eigene Meinung spielt keine Rolle, denn die Streitenden sollen mit deiner Hilfe selbst eine Lösung finden.

Was braucht man zur Streitschlichtung?

Für eine erfolgreiche Streitschlichtung braucht ihr zuallererst einen Raum, in dem ihr ungestört reden könnt. Am besten ist es, wenn es dort einen runden Tisch und vier Stühle gibt. So haben die Streitenden die Möglichkeit, zwar den Konfliktlotsen in die Augen zu schauen, sie müssen sich aber nicht gegenseitig ansehen, wenn sie das nicht wollen.

Außerdem braucht ihr Zeit – das heißt, ihr müsst die Erlaubnis haben, für die Dauer des Schlichtungsgesprächs dem Unterricht fernbleiben zu dürfen.

Als Streitschlichter kannst du natürlich nicht rund um die Uhr im Einsatz sein. Am besten macht ihr einen Dienstplan, wer an welchem Tag Bereitschaft hat. Und damit auch die anderen Schüler wissen, wer an der Reihe ist, hängt ihr den Dienstplan für alle gut sichtbar in der Pausenhalle oder am schwarzen Brett auf. Gut ist es, wenn darauf nicht nur Name und Klasse der Streitschlichter stehen, sondern auch ein Foto dabeihängt – damit die anderen Ratsuchenden euch gleich finden. In einigen Schulen halten sich die Konfliktlotsen in den Pausen auch in bestimmten Ecken des Schulhofs auf, oder sie tragen eine Armbinde, an der man sie erkennt.

Im Münchener Adolf-Weber-Gymnasium ist es so, dass die Streitschlichter in der ersten Pause Dienst haben. Braucht ein Fall mehr Zeit, wird nach der Schule geschlichtet. Die Fotos der Konfliktlotsen mit Angabe ihrer Klasse hängen am schwarzen Brett. Außerdem gibt es einen Briefkasten, in den Schlichtungswünsche eingeworfen werden können – von Schülern und Lehrern.

Das Mediationsgespräch

Emir und Nicola haben sich gestern auf dem Schulhof des Adolf-Weber-Gymnasiums geprügelt. Es war schon das zweite Mal, dass sie aneinander geraten sind. Ein Lehrer hat sie gesehen und zu den Streitschlichtern Michael und Sebastian geschickt, die in der ersten Pause Dienst hatten. Emir und Nicola haben zugestimmt, ihren Streit mit Hilfe eines Schlichtungsgesprächs lösen zu wollen.

Nach der Schule treffen sie sich alle zusammen im Schlichtungsraum.

Ein typisches Schlichtungsgespräch findet in fünf Schritten statt:

1. Einleitung
2. Sichtweise der beiden Streitenden
3. Gefühle während des Streits
4. Sammeln von Möglichkeiten zur Problemlösung
5. Vertrag

Auch Michael und Sebastian halten sich in ihrem Gespräch mit Emir und Nicola genau an diese Struktur.

Während der **Einleitung** stellen sich als Erstes alle vor. Michael und Sebastian machen deutlich, dass sie mit diesem Gespräch eine Lösung finden möchten, mit der beide Streitenden zufrieden sind. Diese Lösung soll zuletzt mit einem Vertrag besiegelt werden. Die Streitschlichter versichern außerdem, dass sie neutral sind und niemandem etwas von dem Gespräch erzählen werden.

Als Nächstes erläutern sie die Gesprächsregeln: Jeder darf den Streit aus seiner Sicht erzählen. Jeder darf dabei ausreden, keiner darf unterbrochen oder beleidigt werden.

> **Michael:** Ich bin der Michi und das ist der Sebastian aus der 8a. Wer bist du?
>
> **Emir:** Ich bin Emir.
>
> **Nicola:** Ich bin Nicola.
>
> **Michael:** Wollt ihr eine Streitschlichtung?
>
> **Emir:** Ja.
>
> **Nicola:** Ja.
>
> **Michael:** Seid ihr freiwillig hier?
>
> **Beide:** Ja.
>
> **Michael:** Wir sind neutral, und wir sollen euch helfen, den Streit zu beenden. Wir sagen niemandem etwas über den Streit, alles bleibt geheim. Unsere Regeln sind: ausreden lassen, keine Beschimpfungen und keine Gewalt.
>
> **Sebastian:** Wir sind nicht parteiisch, d. h. wir sind nicht für den einen oder den anderen. Wir kennen euch ja gar nicht und beurteilen das nicht.

Daraufhin sollen die Streitenden den Konflikt aus ihrer **Sichtweise** schildern. Wer von beiden damit anfängt, kann ausgelost werden. Jeder erzählt, die Konfliktlotsen fragen nach, bis sie alles genau verstanden haben, und fassen zusammen.

Als nächstes geht es darum, dass Emir und Nicola versuchen, ihre **Gefühle** während des Streits auszudrücken. Am besten geht das in so genannten »Ich-Botschaften« – das heißt in Sätzen, die mit »Ich« beginnen. Als Streitender sagt Emir also besser »Ich bin wütend, weil …« als »Der Depp hat dieses oder jenes gemacht.« Es ist oft gar nicht so einfach, seine Gefühle in Worte zu fassen!

> **Michael:** Wer will anfangen?
>
> **Emir:** Der Lehrer hat uns gesehen, weil wir uns schon zweimal geschlagen haben. Vorher hat Nicola zu mir Ausdrücke gesagt und da habe ich auch zu ihm Ausdrücke gesagt. Dann hat er mich gepackt, dann habe ich ihn auch gepackt. Dann habe ich ihn weggeschubst. Nach zwei Tagen ging das Ganze von vorne los. Er kam wieder und sagte Ausdrücke. Da habe ich gesagt: »Hör auf, sonst schlage ich dich.«

Michael: Und hast du dich da mies gefühlt?

Emir: Ja.

Michael: Und was hast du gemacht, Nicola?

Nicola: Teils stimmt das ja, was er sagt. Aber ich und mein Freund haben ihn »Kokosnuss« genannt, weil er zu uns »Hurensöhne« gesagt hat.

Emir: Du lügst!

Nicola: Nein, ich habe …

Sebastian: Lasst euch bitte gegenseitig ausreden!

Michael: Du hast ihn also »Kokosnuss« genannt. Und warum?

Nicola: Also, meine Freunde haben ihn so genannt, ich war nur dabei. Aber da hat er angefangen, mich zu beschimpfen und anzumachen, warum ich ihn ärgere – dabei habe ich da noch gar nichts gemacht. Daraufhin habe ich ihn auch angemacht.

Sebastian: Also, du denkst, dass du unschuldig bist?

Nicola: Nee, nicht so ganz …

Michael: Also, du siehst, dass du eine Mitschuld hast?

Nicola: Ja.

Michael: Emir, willst du noch etwas dazu sagen?

Emir: Nein.

Als Nächstes versuchen alle gemeinsam, eine **Problemlösung** zu finden. Nicola und Emir schreiben so viele Ideen wie möglich auf, wie sie sich wieder vertragen könnten. Alle Möglichkeiten werden auf Karteikarten geschrieben und die Streitschlichter hängen sie an die Pinnwand. Unter den Überschriften »positiv« und »negativ« werden dann die brauchbaren von den weniger guten Vorschlägen getrennt.

Michael: Habt ihr denn eine Idee, wie ihr das Problem lösen könntet? Hier sind Zettel, da könnt ihr ja mal draufschreiben, was ihr vom anderen erwartet und wie ihr den Streit beenden würdet.

Sebastian: Damit so etwas nicht noch mal passiert. Ihr schreibt z. B. drauf »Er soll mich nicht mehr beleidigen« oder so etwas.

Michael: Schreibt einfach mal auf und wir besprechen das gleich.

Emir und Nicola schreiben ihre Vorschläge auf Karteikarten.

> **Sebastian:** Emir hat geschrieben: »Er soll mich nicht mehr beschimpfen.«
> Ist das für euch positiv oder negativ?
> **Emir:** Positiv.
> **Sebastian:** »Wir sollten uns aus dem Weg gehen, damit es keinen Streit
> gibt.« Ist das gut?
> **Nicola:** Damit meine ich, dass wir uns einfach in Ruhe lassen und
> ignorieren. Für mich wäre das eine gute Lösung.
> **Sebastian:** Wir hängen das mal zwischen positiv und negativ. Denn wenn
> man in eine Klasse geht, funktioniert es ja meistens nicht, sich ganz aus
> dem Weg zu gehen.
> **Nicola:** Ja, aber dass wir uns nicht mehr beschimpfen. Also wenn ihn
> jemand beleidigt, dass ich dann da nicht mehr mitmache.
> **Sebastian:** Okay, dann schreiben wir das jetzt mal so mit auf: »Wenn die
> anderen ihn beschimpfen, mache ich nicht mehr mit.« Das hängen wir
> jetzt auch auf, unter positiv.

Nachdem sich Nicola und Emir auf ihre Ideen geeinigt haben, unterschreiben sie beide eine Art **Vertrag**, das Schlichtungsprotokoll. Darin steht genau, worüber sie sich gestritten haben und welche Lösung vorgesehen ist. Beide haben beschlossen, sich nicht mehr gegenseitig zu beleidigen. Nun verpflichten sie sich, sich an diese Abmachung zu halten. Zum Schluss reichen sich die Streitenden die Hände.

> **Michael:** Dann schreiben wir das jetzt in den Vertrag, und es wäre gut,
> wenn ihr den einhalten könntet.
> **Sebastian:** Findet ihr, dass ihr euch gegenseitig entschuldigen könntet,
> oder wollt ihr es so belassen?
> **Emir:** Nee, könnten wir schon.
> **Michael:** Dann steht mal auf und gebt euch die Hand.
> **Nicola:** Entschuldigung.
> **Emir:** Entschuldigung.
> **Sebastian:** Das ist ja schon mal ein guter Anfang. Hier kriegt ihr noch
> Teilnahmebestätigungen, die gebt ihr eurem Lehrer, damit er Bescheid
> weiß, dass das jetzt geregelt ist.
> **Michael:** Also tschüss.
> **Nicola und Emir:** Tschüss.

Gedauert hat das Schlichtungsgespräch übrigens nur zwölf Minuten. Und bislang haben sich Emir und Nicola nicht wieder gestritten.

Was bringt eine Streitschlichtung?

Von der Streitschlichtung haben alle etwas. Zum einen natürlich die betroffenen Schüler wie Emir und Nicola. Sie brauchen keine Angst vor der nächsten Begegnung mit dem anderen zu haben. Keiner hat das Gefühl, »verloren« zu haben und sich rächen zu müssen. Beide haben erlebt, dass ein Streit gewaltfrei gelöst werden kann. Jeder lernt, wie wichtig es ist, miteinander zu reden, und kann einen Streit demnächst vielleicht sogar ganz ohne Streitschlichter lösen. Es ist eine gute Erfahrung, so etwas ohne einen Erwachsenen geregelt zu haben!

Auch die Konfliktlotsen selbst lernen aus einem solchen Gespräch – so wie Michael und seine Münchner »Streitschlichterkollegen«:

> Wir haben gelernt, dass man nicht maßlos übertreiben soll. Jemand tut nicht »immer« etwas, sondern vielleicht nur »manchmal« oder »ein paar Mal«. Wenn ich aber richtig sauer bin, auf meinen Bruder zum Beispiel, dann vergesse ich das oft.
>
> **MICHAEL, 14**

Ich habe als Streitschlichterin gelernt, dass es sich in Ich- und Du-Botschaften viel besser reden lässt. Wenn man sich streitet, sagt man ja immer: »Du hast angefangen« oder »Du bist schuld.« Jetzt sage ich eher: »Ich finde, dass du mich beschimpfst«, und »Ich wünsche mir, dass du das lässt.« Dadurch wird verhindert, dass ein Streit eskaliert.

FRANZISKA, 15

Ich kann jetzt aktiver zuhören und den anderen ausreden lassen, wenn ich mich streite. Dann überlege ich mir auch eher mal, wie es dem anderen geht, und versetze mich in ihn hinein. Wenn ich mich mit meinem Bruder streite, gelingt das auch manchmal. Es kommt aber darauf an, wie schlimm der Streit ist.

MAGDALENA, 13

Ich habe gelernt, bei einem Streit ruhiger zu bleiben. Ich achte jetzt mehr auf meine Gefühle und versuche, mir vorzustellen, wie der andere sich fühlt. Mir ist jetzt klar, dass es bei einem Streit nicht immer nur um mich geht. Streit mit meiner Schwester kann ich jetzt viel besser lösen als früher. Mit meinen Eltern funktioniert das leider nicht. Meine Eltern nehmen mich nicht ernst, also bringt es das gar nicht, nach`solchen Regeln zu streiten oder ein Problem zu lösen. Dazu muss man sich gegenseitig respektieren.

ALEXANDRA, 14

54

Die Lehrer profitieren natürlich auch von den Streitschlichtern. Sie müssen dann nicht bei jedem Streit auf dem Schulhof oder in der Klasse eingreifen.

Wann funktioniert Streitschlichtung nicht?

Einen Fall, der sehr gewalttätig ist, können wir nicht lösen. In einer anderen Schule sind zwei Jungen mit dem Messer aufeinander losgegangen, da konnte der Streit nicht von den Schlichtern gelöst werden. Da kam die Polizei.

MAGDALENA, 13

Oft ist es ein Problem, dass sie gar nicht reden wollen und keine Antwort auf unsere Fragen wissen. Einmal haben wir auch schon welche rausgeworfen, das war mein erster Fall. Die saßen nur da und haben blöd rumgekichert. Dann hat es ja gar keinen Sinn, den Streit zu schlichten.

MICHAEL, 14

Was Michael gleich bei seinem allerersten Fall passiert ist, kann immer wieder vorkommen. Denn es gibt Situationen, in denen eine Streitschlichtung durch Gleichaltrige einfach nicht funktioniert: Wenn die beiden Streitenden sich gar nicht einigen wollen, zum Beispiel. Oder wenn ein Konflikt schon sehr lange besteht und festgefahren ist, wie es bei Mobbing häufig der Fall ist. Auch wenn es zu einer schweren Körperverletzung gekommen ist, bei Drogenproblemen oder sexueller Belästigung, sind die Streitschlichter überfordert.

Zehn Tipps für einen fairen Streit

Super ist es natürlich, wenn du für einen Streit gar keinen Streitschlichter brauchst. Hier sind einige Tipps, wie du versuchen kannst, bei einem Konflikt zu einer friedlichen Lösung zu kommen. Klar, dass es schwierig ist, an alles zu denken, wenn du dich gerade so richtig ärgerst. Aber vielleicht erinnerst du dich wenigstens an einige der Tipps – schon das wäre ein Erfolg. Denn richtiges Streiten kann man lernen.

1. Wenn es ein Problem gibt – sprich es so bald wie möglich an. Trau dich zu streiten, denn wer sich streitet, kann sich danach auch wieder richtig gut vertragen. Versuche aber, den richtigen Zeitpunkt abzupassen. Wenn jemand in der nächsten Stunde eine wichtige Arbeit schreiben muss, kann er dir bestimmt nicht aufmerksam zuhören.
2. Sprich in der Ich-Form: »Ich bin sauer, weil ...« Wenn du innerlich schon so richtig kochst, hol erst einmal tief Luft und beruhige dich etwas. Denn wenn du den anderen gleich anschreist, ist das keine gute Voraussetzung, um etwas zu klären.
3. Sprich dein Gegenüber direkt an und schau ihm dabei in die Augen.
4. Wähle die richtigen Worte, beleidige den anderen nicht und sei nicht gemein. Jemandem zu drohen bringt dich ebenfalls nicht weiter.
5. Auch wenn du dich sehr ärgerst: Versuch, nicht zu schreien, sondern ruhig und überlegt zu sprechen.
6. Lass den anderen auch zu Wort kommen: Lass ihn ausreden, hör ihm zu und unterbrich ihn nicht. Nur wenn jeder die Sicht des anderen kennt und versteht, könnt ihr euch auf die Suche nach einer Lösung machen.
7. Kratzen, beißen, schlagen, treten usw. gelten nicht!

8. Es ist schwer, aber: Eigene Fehler zuzugeben, führt einen Streit schneller zu einem Ende. Stur auf seiner Meinung zu beharren bringt nichts.

9. Sucht nach einer Lösung, mit der beide einverstanden sind. Nachgeben, nur um wieder Frieden schließen zu können, hat keinen Sinn. Die Wahrheit liegt meistens irgendwo in der Mitte.

10. Versöhnt euch: Gebt euch die Hand, klopft euch auf die Schulter, nehmt euch in den Arm, geht zusammen Eis essen ... Ein Streit sollte mit einer Einigung enden – nicht mit einem Sieg!

MOBBING

Marcel, 13

Gestern hat mich Alex wieder geschubst, nur so, weil er Lust hatte. Meistens hat das gar keinen Grund. Entweder gehe ich den anderen aus dem Weg, oder ich versuche, nicht hinzuhören, was sie mir nachschreien. Manchmal wehre ich mich halt. Und dann gibt es eine Schlägerei. Es ist Scheiße, wenn alle einen ärgern. Als ich in die Klasse kam, waren alle gleich gegen mich. Zwei waren schon in der Grundschule in meiner Klasse, da wurde ich auch immer geärgert. Und die haben dann auch hier auf der neuen Schule angefangen, mich zu ärgern, und alle haben gleich mitgemacht.

Aber es war schon schlimmer, als es jetzt gerade ist. Es gab Pausen, da wurde ich die ganze Zeit von den anderen verfolgt. Am schlimmsten war es in der fünften Klasse auf Klassenfahrt, da standen an einem Tag alle um mich herum und haben mich angerülpst. Das fand ich so ekelhaft! Warum die das gemacht haben, weiß ich nicht. Ich habe versucht wegzugehen und die sind die ganze Zeit hinter mir her. Ich habe es dem Lehrer gesagt, aber als der dann weg war, haben sie weitergemacht.

Wenn ich mit den anderen im Schulbus fahre, kriege ich auch so Sachen zu hören wie »Was willst du in unserem Bus, du kannst doch laufen, wir wollen nicht, dass du mit unserem

Bus fährst« und so. Mit mehreren fühlen die sich ja immer stärker. Voll feige.

Ich habe es schon meinen Eltern erzählt, und die haben andere Eltern von denen angerufen, die mich geärgert haben. Das hat auch geholfen, weil die dann echt Schiss hatten, mit ihren Eltern noch mehr Ärger zu kriegen, wenn sie mich ärgern.

Marcel geht in die achte Klasse einer Gesamtschule und unterscheidet sich äußerlich überhaupt nicht von seinen Klassenkameraden. Aber schon in der Grundschule wurde er von seinen Mitschülern geärgert. »Der ist eklig«, »Der ist voll komisch«, »Der macht immer so blöde Witze«, hieß es in der Klasse. Keiner wollte etwas mit ihm zu tun haben.

Als Marcel vor drei Jahren auf die Gesamtschule kam, waren viele neu in der Klasse. Marcel hätte Freunde finden können, wenn nicht Alexander und Mark aus seiner alten Klasse ihn wieder zum Sündenbock abgestempelt hätten. Wer sich mit Marcel anfreunden wollte, geriet in Gefahr, von den anderen ebenfalls fertig gemacht zu werden. Deshalb steht Marcel nun wieder ganz alleine da. Jeder hat etwas an ihm auszusetzen:

> **Der hat echt Tollwut. Wenn man da nur mal sagt: »Du stinkst«, dann flippt der schon voll aus und schlägt um sich. Der riecht nicht so toll. Es gab in dem Jahrgang auch mal Läuse und Flöhe, und da hat jeder gedacht, dass die von dem kommen. Der sieht so ungepflegt aus.**
>
> **MORITZ, 13**

Der hat auch keine modernen Sachen an. Deshalb wird er auch gehänselt und für die Loser-Seite abgestempelt. Der trägt voll altmodisches Zeug. Und wenn er sich einmal im Jahr die Haare schneidet, ist das eklig. Dem wachsen ja schon die Haare aus den Ohren. Aber wenn man dem Loser irgendwie beisteht, dann sind die anderen ja auch gegen einen.

ALEXANDER, 14

Was ist eigentlich Mobbing?

Was Marcels Mitschüler tun, heißt **Mobbing**. Und auch Mobbing ist eine Form von Gewalt. Mobbing ist in den letzten Jahren ein richtiges Modewort geworden. Es kommt von dem englischen Verb »to mob«, und das heißt so viel wie jemanden absichtlich fertig zu machen oder immer wieder anzupöbeln – also das zu tun, was die Klasse mit Marcel macht. So etwas kommt leider ziemlich häufig vor: Umfragen haben ergeben, dass sich jeder sechste Schüler in Deutschland gemobbt fühlt! Manchmal spricht man auch von **Bullying**. Auch das kommt aus dem Englischen und heißt: jemanden tyrannisieren. Ein »Bully« ist jemand, der andere schikaniert und mobbt.

Nicht jede Streiterei ist gleich als Mobbing zu verstehen. Es ist nicht gut, bei allen Auseinandersetzungen gleich von Mobbing zu sprechen, denn dann kann es passieren, dass wirkliche Mobbingfälle gar nicht mehr ernst genommen werden.

Die beiden Wissenschaftler Hanewinkel und Knaack haben Mobbing so beschrieben:

»Ein Schüler oder eine Schülerin ist Gewalt ausgesetzt oder wird gemobbt, wenn er/sie wiederholt und über eine längere Zeit den negativen Handlungen eines/einer oder mehrerer anderer Schüler oder Schülerinnen ausgesetzt ist. Negative Handlungen können begangen werden mit Worten (Drohen, Spotten etc.), durch Körperkontakt (Schlagen, Stoßen etc.) bzw. ohne Worte oder Körperkontakt (Gesten, Ausschluss aus einer Gruppe etc). Der Begriff des Mobbings wird hingegen nicht gebraucht, wenn zwei Schüler oder Schülerinnen, die körperlich bzw. seelisch gleich stark sind, miteinander kämpfen oder streiten. Es muss also immer ein Ungleichgewicht der Kräfte vorliegen.«

R. Hanewinkel, R. Knaack: »Mobbing: Gewaltprävention in Schulen in Schleswig-Holstein«, Kiel, 1997, S. 34

Was die beiden Wissenschaftler beschreiben, passt genau zu dem, was Marcel gerade erlebt. Und was in vielen anderen Klassen genauso passiert. Vielleicht fühlst auch du dich nicht wohl in deiner Klasse? Aber hast du es wirklich schon mit Mobbing zu tun?

Mobbing heißt, dass du über ein halbes Jahr oder länger zur Zielscheibe eines oder mehrerer Mitschüler (oder sogar Lehrer) wirst. Es gibt verschiedene Möglichkeiten, wie das aussehen kann:

- Über dich wird hinter deinem Rücken oder ganz offen gelacht oder gegrinst.
- Man spottet über eine Eigenschaft von dir: deine Stimme, Gesten, Nationalität, Kleidung usw.
- Es wird über eine deiner Schwächen gelästert: deine Brille, dein Stottern, deine mollige Figur usw.

- Es werden Gerüchte über dich in Umlauf gesetzt, die nicht stimmen.
- Im Unterricht will niemand mit dir zusammenarbeiten.
- Deine Schulmaterialien, Klamotten oder Ähnliches werden von anderen mutwillig kaputtgemacht.
- Du wirst von deinen Mitschülern wie Luft behandelt.
- Aus der Klasse halten nur wenige oder niemand zu dir.
- Du wirst erpresst.
- Du wirst gekniffen, geschlagen, gestoßen, getreten oder gar verprügelt.

Nicht immer ist ein Mobbing-Opfer all diesen Schikanen gleichzeitig ausgeliefert. Es reicht aber natürlich schon vollauf, wenn nur einige dieser Dinge geschehen. Wichtig ist dabei auch der Zeitraum: Von Mobbing spricht man wirklich erst dann, wenn diese Form der Gewalt mindestens sechs Monate lang anhält! Und Mobbing setzt ein ungleiches Kraft-/Machtverhältnis voraus: Einer oder meistens sogar eine ganze Gruppe schikaniert einen Einzelnen, der nicht weiß, wie er sich wehren soll.

Wie Mobbing entsteht

Dass Marcel gemobbt wird, ist nicht seine Schuld. Wissenschaftler haben herausgefunden, dass es nicht unbedingt an der Person selbst liegt, die jemand mobbt oder gemobbt wird. Viel eher sind es bestimmte Situationen, die zu Mobbing führen. Vor allem so genannte »Zwangsgemeinschaften« bieten dafür einen guten Nährboden. Die Klasse von Marcel ist eine solche Zwangsgemeinschaft: Schließlich konnte sich keiner der Schüler seine Mitschüler und Lehrer aussuchen.

Je schlechter eine Zwangsgemeinschaft funktioniert – das heißt, je schlechter das Klassenklima ist –, desto leichter kann es zu Mobbing kommen.

In den meisten Mobbing-Fällen gibt es zunächst einen Konflikt, der nicht gelöst wird. Vielleicht ärgert sich Mark über irgendetwas und lässt seinen Ärger an Marcel aus – egal, ob der mit Marks Wut etwas zu tun hat oder nicht. Marcel ist der Sündenbock. Mark ist erleichtert, weil er seine Wut losgeworden ist, seinen eigentlichen Konflikt hat er damit aber natürlich noch nicht gelöst und wird dadurch immer wütender. Dies bekommt abermals Marcel zu spüren.

Mobbing kann aber auch ohne einen Konflikt entstehen: aus Langeweile, weil jemand anders ist, weil jemand neidisch auf etwas ist, das ein anderer hat, oder weil man jemanden einfach nicht ausstehen kann.

Wenn es erst einmal angefangen hat und jemand mehrmals zum Sündenbock wurde, geht es automatisch weiter: Das Mobbing-Opfer bekommt immer häufiger Ärger – auch ohne konkreten Anlass. Die Mitschüler lästern, schimpfen oder schikanieren das Opfer dann irgendwann aus Gewohnheit. So war es auch bei Marcel.

> Am Anfang hatte der eine Zahnspange von außen. Wir haben ihn deshalb geärgert. Der malt sich auch immer die Finger an und popelt in der Nase, das ist eklig.
>
> MARKUS, 13

Was auch immer Marcel tut, ist falsch. Jedes Mal heißt es: »Das ist typisch«, »Jetzt macht der das schon wieder«, »Das macht der immer so.« Dadurch wird Marcel immer mehr zum Außenseiter. Und weil die anderen einen Sündenbock haben, auf dem sie gemeinsam herumhacken können, schweißt dieser Mechanismus den Rest der Klasse zusammen. Probleme, die Marcels Mitschüler vielleicht mit Freunden oder Freundinnen haben, rücken in den Hintergrund – schließlich gehören die ja zur Gruppe, deren gemeinsamer »Feind« Außenseiter Marcel ist:

> **Wir können den Marcel alle nicht leiden, weil der nur blöde Witze macht, die gar nicht witzig sind. Er sieht auch komisch aus.**
>
> DANIEL, 14

Am Anfang hatte Marcel versucht, das Verhalten der anderen nicht zu ernst zu nehmen. Er hoffte, es würde vorübergehen. Doch das tat es nicht, im Gegenteil, die Angriffe kamen immer häufiger. Schließlich wurde die Situation für ihn unerträglich.

> **Einmal fing einer im Unterricht an, Marcel zu beleidigen. Da sagte Marcel dann:»Ihr seid ja alle Arschlöcher.« Da hat sich natürlich eine Gruppe gegen ihn gebildet. Die ganze Klasse war dann gegen ihn. Wir wurden mehrmals beleidigt und eine aus unserer Klasse hat ihn dann mal mit einem Stock geschlagen. Da hat er zurückgeschlagen. Dann haben wir gemeinsam beschlossen, ihn zusammenzuschlagen. Da sind wir ihm in der Pause hinterher und haben einen Kreis um ihn gebildet. Dann wurde er rumgeschubst, von einem zum anderen. Und einer hat ihn richtig geschlagen. Der Hausmeister hat das gesehen, da mussten wir aufhören und wegrennen. Marcel hat uns dann verpetzt und wir waren natürlich stinksauer auf ihn.**
>
> MARK, 13

Täter und Opfer

Mobbing-Täter: Mitläufer und Bullys

> Es ist bei uns schon fast Standard in der Klasse, dass welche fertig gemacht werden. Vielleicht weil sie einen doofen Namen haben, über den man Witze machen kann. Wenn die das dann ernst nehmen und einen zurückbeleidigen, dann bildet sich sofort eine Gruppe gegen denjenigen. Dann wird er fertig gemacht.
> Wir hänseln Marcel, weil die Lehrer immer zu ihm halten und immer ihm glauben, wenn etwas vorgefallen ist.
>
> MARK, 13

Vor allem die Jungen in Marcels Klasse schikanieren ihn immer wieder. Dabei sind es gar nicht so viele, die ihn aktiv mobben. Der Großteil besteht aus so genannten **Mitläufern**. Sie hänseln ihn zwar nicht und schlagen auch nicht selbst zu. Aber sie dulden, dass Marcel gemobbt wird, und machen sich dadurch mitschuldig. Genauso wie die Mädchen in der Klasse, die sich nicht einmischen. Keiner unterstützt Marcel.

> Ich halte mich auch raus. Dieser Marcel ist echt komisch. Wir Mädchen können ihn auch nicht leiden.
>
> ALISA, 13

Es kann mehrere Gründe dafür geben, warum die Mitläufer nicht eingreifen: Entweder ist es ihnen egal, weil sie das Opfer vielleicht selbst nicht mögen – so wie Alisa es sagt; oft denken sie dann: »Der ist selbst schuld.« Oder sie halten sich zurück, weil sie Angst haben, sonst selbst zum Mobbing-Opfer zu werden – so wie Moritz:

> Ich traue mich nicht, was zu sagen, wenn die anderen gegen Marcel angehen. Dann würden die doch gleich sagen: »He, was hältst du jetzt zu dem, du gehörst doch zu uns« oder so. Da habe ich keine Lust drauf.
>
> MORITZ, 13

Die meisten in der Klasse behaupten, Andreas sei dafür verantwortlich, dass Marcel gemobbt wird. Er sei der Hauptschuldige. »Wir machen ja nur mit«, heißt es.

Andreas hat in der Klasse die Rolle des Anführers inne, weil er als besonders stark und cool gilt. Er ist sehr sportlich und etwas älter als die anderen.

> Wir haben einen, der steht ziemlich auf Markenklamotten. Und der denkt, wenn einer keine Markenklamotten hat, nur weil er nicht so reich ist, dann ist er blöd. Und deshalb wird Marcel geärgert.
>
> NICOLE, 13

Wenn stimmt, was die Klasse behauptet, ist Andreas ein so genannter **Bully** – einer, der aktiv mobbt. Forscher haben herausgefunden, dass Bullys eine Reihe verbindender Eigenheiten haben: Ihre Schulleistungen sind oft schlecht und ihre sonstigen Fähigkeiten eher durchschnittlich. Die anderen bewundern sie entweder – oder haben Angst vor ihnen. Wirklich beliebt sind Bullys nie, weil sie gegenüber ihren Mitschülern und Lehrern oft aggressiv auftreten.

In Wirklichkeit sind Bullys aber meistens gar nicht so selbstsicher, wie sie auf andere wirken. Häufig werden sie selbst von vielen Ängsten geplagt, zum Beispiel dass sie in der Schule versagen, dass sie von ihren Mitschülern nicht genügend Anerkennung bekommen, dass sie selbst zum Außenseiter werden könnten. Um ihre Angst zu kaschieren, schikanieren sie andere, um dadurch selbst stark und überlegen zu erscheinen. Schuldgefühle haben Bullys kaum, Scham und Empathie kennen sie nicht. Sie sind der Meinung, ihr Opfer »verdiene« die Strafe.

> **Einer wird immer von uns verarscht. Aber es liegt auch an ihm, weil er immer dumme Sachen macht, die uns nicht gefallen. Deshalb verarschen wir ihn. Ich sage immer »Streuselkuchen« zu ihm, weil er so viele Pickel hat.**
>
> **TIM, 12**

Ähnlich wie bei Streitereien verhalten sich auch beim Mobbing Jungen und Mädchen unterschiedlich: Jungs gehen meist offen und direkt vor. Sie greifen ihr Opfer auch körperlich an. Mädchen mobben anders: Sie neigen dazu, Gerüchte zu verbreiten oder Geheimnisse auszuplaudern. Oft wird eine ehemalige Freundin plötzlich zum Mobbing-Opfer.

Es wäre zu einfach, allein Bullys für das Mobbing verantwortlich zu machen. Mobbing betrifft die ganze Klasse. Denn wer zuschaut, anstatt einzugreifen, trägt dazu bei, dass die Situation sich verschlimmert. Doch leider sind meist nur wenige mutig genug, etwas gegen Mobbing zu tun.

Mobbing-Opfer

Franziska ist 15. Auch sie wurde früher von ihrer Klasse gemobbt. Inzwischen ist sie in eine neue Stadt gezogen und besucht eine neue Schule – dort fühlt sie sich sehr wohl. Sie hat viele Freunde gefunden und ist in der Schülervertretung und als Streitschlichterin aktiv. Doch was ihre alte Klasse ihr angetan hat, hat sie nicht vergessen. Als das Mobbing anfing, war sie neun Jahre alt und ging in die dritte Klasse einer Berliner Grundschule.

> Die haben sich darüber lustig gemacht, dass ich so dick war und keine Markenklamotten trug. Da hieß es dann »Dicke« oder »Rollmops«. Oder »Schleimerin«, weil ich mit den Lehrern ganz gut zurecht kam und in der Schule gut war … Ich habe mich nicht dagegen gewehrt, das konnte ich nicht. Eine oder zwei Freundinnen hatte ich zwar, aber die haben mich nie gegen die anderen verteidigt. Ich konnte auf dem Schulhof mit ihnen reden, ohne dass sie mich ausgelacht haben, aber das war es auch schon. Ich glaube, die hatten Angst, dass sie dann auch beschimpft werden. Im Sportunterricht hieß es, ich solle lieber rollen als rennen, dann wäre ich schneller. Sie haben mir das Bein gestellt, den Stuhl weggezogen oder mich mit Kreide beworfen.
>
> FRANZISKA, 15

Das typische Mobbing-Opfer gibt es genauso wenig wie den typischen Bully, den Täter. Im Grunde kann jeder zum Mobbing-

Opfer werden. Doch es gibt Menschen, die eher zur Zielscheibe werden als andere. Das hängt vor allem mit dem Selbstbewusstsein zusammen: Wenn du selbstbewusst und mit dir zufrieden bist, strahlst du das auch auf andere aus. Wahrscheinlich finden deine Mitschüler dich dann in Ordnung und du bist ein anerkanntes Mitglied der Klassengemeinschaft.

Wenn du aber eher ein ängstlicher Typ bist und selbst häufig an dir zweifelst, wirkst du auch auf andere unsicher. Dann kann es sein, dass du wegen Ungeschicklichkeiten oder deiner Hilflosigkeit ausgelacht wirst. Viele Schüler, die gemobbt werden, sind so wie Franziska früher: ängstlich, schüchtern und zurückhaltend. Franziska traute sich nicht, sich gegen das Mobbing zu wehren. Wie die meisten Mobbing-Opfer glaubte sie nach einer Weile, selbst schuld an der Situation zu sein. Ihr Selbstwertgefühl war gleich null. Sie erzählte niemandem davon, was in der Schule passierte – keinem Lehrer, nicht den Eltern und auch keinem ihrer Freunde außerhalb der Schule. Es war ihr peinlich, und sie hatte Angst, dann noch mehr von den anderen schikaniert zu werden. Franziska fraß das Problem in sich hinein und hoffte, dass es irgendwann aufhören würde. Doch je länger sie sich unterdrücken ließ, desto vertrackter wurde die Situation. Die Klasse gewöhnte sich an sie als den Sündenbock. Schließlich galt es als normal, sie schlecht zu behandeln.

Ich habe total an mir gezweifelt und gedacht, dass ich irgendwas verkehrt mache. Ich habe versucht abzunehmen, weil ich dachte, dass die anderen mich dann mögen. Das hat nicht geklappt, darüber war ich so frustriert, dass ich nur noch mehr aß. Also nahm ich erst recht nicht ab. Dann habe ich gedacht, dass die mich nicht mögen, weil ich in der Schule zu viel mitmache und die Lehrer mich gut leiden können. Ich bin im Gymnasium dann schulisch auch abgesackt. Ich habe nicht mehr so mitgearbeitet, mich nicht mehr gemeldet. Zwar wusste ich die Antwort, wenn ich gefragt wurde. Aber ich habe von selbst nichts mehr gesagt. Ich habe auch nicht mehr aufgepasst, weil ich mich ständig fragte, wie ich etwas ändern könnte. Die Tests wurden schlechter, weil ich so durcheinander war … Mein Selbstbewusstsein war total am Ende. Jeder denkt immer, ich hätte genug Selbstbewusstsein, aber das ist gar nicht so. Ich schlucke viel runter und zeige keinem, wie ich mich fühle. Das habe ich mir schon in der Grundschule angewöhnt.

FRANZISKA, 15

Wie kannst du dich als Mobbing-Opfer wehren?

Wer nicht Opfer bleiben will, hat nur eine Wahl: Er muss mit anderen darüber reden! Aber das ist nicht immer so einfach – vor allem, wenn irgendwann alle gegen einen zu sein scheinen.

Rebecca hat dasselbe erlebt wie Marcel, Franziska und viele andere. Auch bei ihr begann das Mobbing schon in der Grundschule und zieht sich trotz neuer Klasse und Schulwechsel bis heute hin. Angefangen hat es bei ihr ganz typisch – mit der ehemals besten Freundin:

Ganz am Anfang war alles in Ordnung. Ich hatte eine Freundin in der Klasse, Christina. Erst verstanden wir uns gut, aber dann nicht mehr. Irgendwie wollte sie alles bestimmen: was wir machen, dass ich nach dem Spielen aufräume und sogar mit wem ich mich noch treffe. Das habe ich mir nicht gefallen lassen und irgendwann waren wir keine Freundinnen mehr. Ich habe dann andere Freundinnen in der Klasse gehabt. In der 3. Klasse fing Christina an, mich in der Pause mit ihren Freundinnen zu ärgern. Sie sind hinter mir hergelaufen und haben mich geärgert, indem sie fiese Sachen zu mir sagten wie »Spangenmonster«, »Brillenschlange« oder »Streber«. Ich konnte mich überhaupt nicht dagegen wehren. Anfangs ging es noch, weil ich ja noch andere Freundinnen in der Klasse hatte. Aber nach und nach habe ich gemerkt, dass die auch nicht mehr richtig was mit mir zu tun haben wollten. Wenn Christina und ihre Freundinnen mich ärgerten, dann haben sich die anderen aus dem Staub gemacht. Irgendwie wurde es immer schlimmer. Oft bin ich weinend aus der Schule heimgekommen. Zum Schluss waren es nur noch zwei oder drei, die nicht gemein zu mir waren. Aber so richtig mit mir befreundet wollten die auch nicht sein. Die hatten Schiss, dass Christina und ihre Freundinnen auch auf sie losgehen würden. Manchmal hatte ich auch das Gefühl, die wollten mich nur aushorchen, damit die anderen dann wieder fiese Dinge über mich erzählen können.

REBECCA, 13

Inzwischen hat Rebecca immerhin einige Freundinnen in ihrer Klasse gefunden. Sie lässt sich nicht mehr alles gefallen und wirkt selbstbewusst. Aber richtig aufgehört hat das Mobbing immer noch nicht.

Ich habe das Gefühl, dass es sozusagen meine Lebensrolle ist, das Opfer zu sein. Jetzt fangen wieder andere aus der Klasse an, mich lächerlich zu machen, wenn ich z. B. im Unterricht was sage. Ich bin anders als die anderen. Ich habe andere Interessen und deshalb bin ich für viele die komische Außenseiterin. Ich interessiere mich für den Stoff in der Schule, die anderen finden Unterricht nur lästig. Ich lese gerne und viel und rede auch über Bücher. Die anderen reden über »Deutschland sucht den Superstar« oder über Musik. Das interessiert mich halt überhaupt nicht. Mit meinen Freundinnen rede ich auch mal über Sachen aus dem Fernsehen, aber dann eher über wissenschaftliche Sendungen.

REBECCA, 13

Rebecca ist anders als viele ihrer Mitschülerinnen. Deswegen hat sie oft das Gefühl, selbst für das Mobbing verantwortlich zu sein. Vielleicht geht es dir ähnlich: Wenn auch du schon länger gemobbt wirst, glaubst du mittlerweile womöglich auch, dass du selbst schuld daran bist. Das ist blanker Unsinn! Auch wenn du selbst einmal jemanden geärgert oder etwas Fieses gesagt haben solltest – das allein ist sicherlich nicht der Grund, warum du gemobbt wirst. Du hast das Recht, von anderen mit Respekt behandelt zu werden. Es steht dir zu, deine Meinung zu vertreten und deine Wünsche auszusprechen. Du darfst genauso Fehler machen wie andere auch, und du kannst erwarten, dass man dir zuhört. Und du darfst »nein« sagen, wenn du bei etwas nicht mitmachen möchtest. Diese Rechte sind selbstverständlich und gelten für jeden. Für dich wie für Rebecca.

> Ich habe viel im Internet und in Büchern über Mobbing gelesen. Das hat mir weitergeholfen, weil ich jetzt weiß, dass ich nicht die Einzige bin, der es so geht, und dass es nicht an mir liegt. Sie machen das, weil ich anders bin, aber nicht, weil ich mich falsch verhalten habe.
>
> REBECCA, 13

Für Rebecca ist es wichtig zu wissen, dass sie sich nicht falsch verhalten hat. Und sie hat sich Hilfe geholt. Auch du wirst deine Situation nicht verändern können, wenn du nicht nach Unterstützung suchst. Wenn du außerhalb der Schule keine Freunde hast, wende dich an Erwachsene – an deine Eltern, Lehrer, den Schulpsychologen oder den Schulsozialarbeiter. Du musst mit jemandem reden, um deine Lage verbessern zu können!

Außerdem solltest du wie Rebecca ein Mobbing-Tagebuch führen. Darin kannst du genau aufschreiben, was wann passiert ist, wer daran beteiligt war und wie du dich dabei gefühlt hast. Dadurch wird es dir zwar nicht unmittelbar besser gehen, aber es hilft dir, deine Erlebnisse zu verarbeiten, und liefert sozusagen Beweismaterial für spätere Gespräche.

In Englisch haben wir die Ex rausgekriegt. Ich hatte die beste Note, eine Eins, obwohl ich in der Stunde zuvor krank war. Der Einser war zwar nur ganz knapp, aber als es rauskam, hieß es gleich wieder: »Natürlich, Rebecca, die alte Streberin.« Frau Ellersdorfer meinte zwar, sie sollen keinen beschimpfen, nur weil er eine Eins hat. Aber ich glaube nicht, dass das viel hilft.

Heute war alles Scheiße. In Kunst meinte einer von den Jungs, die neben mir sitzen: »Igitt, hier stinkt's!« Und ein anderer sagte: »Wir sitzen ja auch neben einem Stück Scheiße«, und zeigte auf mich. Dann haben sie mir die ganze Stunde Pinsel weggenommen und meine Sachen runtergeschmissen. Morgen gehe ich zur Schulpsychologin und erzähle ihr das.

Das Mobbing-Tagebuch kann dir auch dabei helfen herauszufinden, warum du gequält wirst. Vielleicht wird dir beim Schreiben zum Beispiel klar, dass auch die Bullys im Grunde wenig selbstbewusst sind und deshalb leicht neidisch oder wütend werden. Und dass sie ihren Ärger einfach bei dir abladen.

Für sie bist du sozusagen ein Mülleimer. Und natürlich musst du nicht alles glauben, was sie dir sagen: Du stinkst nicht und du bist nicht dumm!

Du kannst auch ein Erfolgs-Tagebuch führen. Dort schreibst du immer dann hinein, wenn du es geschafft hast, dich zu wehren. Vielleicht sind es nur ganz kleine Erfolge, vielleicht nur ein wütender Blick von dir zu dem Bully. Aber wenn du einen kleinen Erfolg aufschreibst, wird er größer. Nur so kannst du dir merken, dass du es schon einmal geschafft hast, dich zu wehren. Und wenn du es einmal schaffst, wirst du es wieder schaffen!

Wie kannst du helfen?

Vielleicht wirst du nicht selbst gemobbt, hast aber beobachtet, dass sich eine Bekannte oder ein Freund plötzlich ganz anders verhält als früher. Das kann ein Hinweis darauf sein, dass er oder sie gemobbt wird. Mögliche Merkmale sind:

- Er/sie kann sich schlecht konzentrieren und ist sehr nervös
- Er /sie ist oft müde und schläft schlecht
- Er/sie fehlt oft in der Schule
- Er/sie wird immer schlechter in der Schule
- Er/sie bleibt nach Unterrichtsende oder in der Pause im Klassenzimmer
- Er/sie wird ganz plötzlich und scheinbar ohne Grund wütend
- Er/sie hat oft Kopf- oder Bauchschmerzen und fühlt sich krank

Vielleicht traut sich dein Freund oder deine Freundin nicht, dir von seinen/ihren Erlebnissen zu erzählen. Wenn du aber den Verdacht hast, dass er/sie gemobbt wird, sprich ihn/sie unbedingt darauf an! Mobbing-Opfer brauchen dringend jemanden, mit dem sie reden können. Sie brauchen einen Freund, der sie versteht, der sie respektiert und der zu ihnen hält. Jemanden, der ihnen zeigt, dass sie etwas wert sind und nicht selbst Schuld haben an der Situation.

Wenn du mitbekommst, dass jemand aus deiner Klasse gemobbt wird: Mach nicht mit! Lach niemanden aus, hänsele niemanden, mach keine Witze auf Kosten anderer. Und: Du solltest weder zu- noch wegschauen, wenn jemand gemobbt wird! Es erfordert Mut, gegen alle anderen einem Außenseiter zu helfen. Doch wenn einer erst einmal den Anfang macht und offen etwas dagegen sagt, wird er meist auf Unterstützung stoßen. Es gibt nämlich mit Sicherheit einige, die das, was passiert, auch nicht in Ordnung finden. Nur trauen sie sich alleine nicht, das Fehlverhalten der anderen offen zu kritisieren.

Oder fällt es dir schwer zu helfen, weil du das Mobbing-Opfer selbst nicht leiden kannst? Das darf kein Grund sein und ändert nichts an deiner Verantwortung, denn jeder Mensch verdient Respekt. Und sei mal ehrlich: Stimmt das, was über sie/ihn gesagt wird? Und würde dir eine schlagfertige Antwort auf eine Beleidigung einfallen, wenn 30 Mitschüler dich anstarren und kichern? Vielleicht kennst du das Mobbing-Opfer nur nicht gut genug. Schon allein deshalb darfst du dir dann eigentlich gar kein Urteil erlauben. Jemanden, der gemobbt wird, gegen andere zu verteidigen, hat nichts damit zu tun, ob man ihn oder sie leiden kann oder nicht. Es ist eine Frage der Fairness und des Mutes.

BEDROHT, BEKLAUT, VERLETZT – UND DANN?

Alessa, 12

Früher war ein Typ in meiner Klasse, den mochten die meisten nicht. Ich war ziemlich beliebt bei den anderen und vielleicht hat er mich deshalb auf dem Kieker gehabt, keine Ahnung. Meine Mutter ging morgens arbeiten und ich wollte mir kein Brot schmieren, also bekam ich Geld, damit ich mir in der Pause am Schulkiosk was kaufen konnte.

Ich habe das oft mit meiner Freundin geteilt, damit sie sich auch was kaufen konnte. Einmal kam dieser Typ an und wollte auch etwas abhaben. Am Anfang hat er einfach danach gefragt und ich habe mir nichts dabei gedacht und ihm etwas Geld gegeben. Dann kam er jeden Tag und wollte Geld. Er war ziemlich aggressiv und deshalb habe ich ihm immer was gegeben. Ich bekam Angst vor ihm. Später nahm er mir mein Geld ab oder zwang mich, ihm mein Brötchen zu geben. Irgendwann wollte ich das nicht mehr mitmachen und dann hat er mir in der Pause ein blaues Auge geschlagen.

Meine Mutter stellte ihn nach der Schule zur Rede. Dann beschwerten sich seine Eltern darüber und unsere Eltern bekamen Streit. Er war ein fürchterlicher Angeber und ziemlich stark und die anderen aus der Klasse haben wohl auch Angst vor ihm gehabt. Es endete so, dass der Typ dann in der Pause für zwei Monate nicht mehr rausdurfte. Am Ende des Schuljahres sind wir zum Glück umgezogen und ich bin raus aus der Schule.

Was Alessa passiert ist, ist eine typische »Abzocke«. Abgezockt zu werden bedeutet bedroht, beklaut, erpresst und dabei womöglich sogar verletzt zu werden.

Am stärksten betroffen von solchen Taten sind 13- bis 15-Jährige. Eine Untersuchung hat gezeigt, dass gewalttätiges Verhalten in der Schule oder auf dem Schulweg in der achten und neunten Klasse am häufigsten vorkommt.

»Abzocke« bedeutet, dass ein Ungleichgewicht zwischen den Beteiligten besteht: Einer muss sich dem Willen des anderen beugen. Deshalb ist so etwas auch kein Fall für einen Streitschlichter. Aber auf welchem Weg kann man dann nach einer solchen Tat eine Strafe, Wiedergutmachung oder sogar eine Versöhnung erreichen? Und wie lässt sich verhindern, dass Schule oder Schulweg zum täglichen Albtraum werden?

Weil sie von ihrem Mitschüler bedroht und schließlich sogar geschlagen wurde, fühlte sich Alessa hilflos und hatte keine Ahnung, wie sie sich wehren konnte. Vor allem, weil ja alles ganz harmlos angefangen hatte. Zunächst hatte Alessa ihrem Mitschüler freiwillig etwas von ihrem Geld abgegeben. Erst als sie das nicht mehr wollte, fing er an, sie zu bedrohen. Alessa bekam Angst. Es war auf jeden Fall eine richtige Reaktion, dass sie ihrer Mutter von ihrer Angst erzählte. Denn nach deren Gespräch mit dem Lehrer hatte sie in den Pausen nichts mehr zu befürchten.

Es hätte aber vielleicht noch eine andere Möglichkeit gegeben, das Problem zu lösen: mit Hilfe des Schülergerichts.

Das Schülergericht

Schülergerichte gibt es mittlerweile an einigen Schulen. Die Aufgabe der Schülerrichter ist eine andere als die der Streitschlichter: Während Konfliktlotsen bei einem Streit vermitteln, urteilt das Schülergericht über andere Schüler und bestraft sie sogar. Dahinter steckt die Idee, dass Schüler besser in der Lage sind, andere Schüler zu bestrafen, als Erwachsene. Denn sie können sich besser in sie hineinversetzen und sich eher vorstellen, welche Strafe sinnvoll sein könnte: Bei einem Streit macht das kaum Sinn, bei einer »Abzocke« dagegen schon.

An der Münchener Hauptschule am Gerhart-Hauptmann-Ring gibt es seit einigen Jahren Schülerrichter:

Schülerrichter gibt es, weil wir uns bessere Strafen einfallen lassen können als Lehrer. Wenn jemand überall in der Klasse mit Kaugummi rumsaut, dann muss er zum Beispiel im Pausenhof Kaugummi abkratzen oder so.

JULIA, 13

Wir kennen uns in der Klasse viel besser. Wir wissen, was jemand nicht mag. Also können wir ihn gut bestrafen. Und dann hört jemand viel schneller auf, Quatsch zu machen, weil er sich vorstellen kann, was ihm blüht.

SHERIF, 12

Nicht jeder Fall wird gleich vom Schülergericht verhandelt. Zunächst einmal versucht der Klassenrat, das Problem im Klassenrat zu lösen. Erst wenn das nicht funktioniert, muss jemand Anklage erheben – zum Beispiel, wenn er sich ungerecht behandelt fühlt, sich über etwas sehr geärgert hat oder sogar körperlich verletzt wurde. Ein solcher Fall kommt dann vor das Schülergericht. In jeder Klasse gibt es so genannte Richter, die sich vor allem mit den härteren Vergehen, wie zum Beispiel Abzocke, auseinander setzen.

Wird das von ihnen beschlossene Gerichtsurteil nicht angenommen oder die Strafe nicht befolgt, kommt der Fall vor das Berufungsgericht. Darin sitzen dann Richter verschiedener Klassen zusammen. Erst bei schwerwiegenden Fällen muss ein Schüler zum Rektor.

In der Münchener Hauptschule gab es vor kurzem einen Fall für das Schülergericht. Es ging um Körperverletzung. Omar hatte seinem Mitschüler Sergej den Stuhl weggezogen, so dass dieser hinfiel und sich am Rücken verletzte. Vom Klassengericht ist Omar bereits verurteilt worden. Weil er seine Strafe jedoch nicht abgeleistet hat, muss nun das Berufungsgericht zusammentreten.

Maxi, Christian, Julia und Dilek sind die Richter.

Christian: Hiermit eröffne ich das Verfahren. Wie lautet die Anklage?
Klassensprecher: Omar hat Sergejs Stuhl von hinten weggezogen und Sergej ist mit dem Rücken auf die Kante geknallt. Das hätte noch schlimmer enden können und deshalb klagen wir Omar wegen Körperverletzung an.
Christian: Was hast du zu deiner Verteidigung zu sagen?
Omar: Gar nichts. Wir haben uns dann wieder vertragen.
Christian: Warum hast du ihm denn den Stuhl weggezogen?
Omar: Weiß ich nicht.
Christian: Aber du musst ja für dein Fehlverhalten irgendeinen Grund haben?!

Omar: Was soll ich dazu sagen? Das war aus Spaß.

Christian: Ich lese mal die Anklage vor, was da drinsteht, wie Sergej beschreibt, wie es ihm ging: »Danach tat mir mein Rücken weh. Mein Rücken war ganz rot und es gab einen blauen Fleck. Omar steht dazu, aber er fühlt sich nicht schuldig.«

Omar: Er hatte keinen blauen Fleck.

Christian: Das steht aber hier.

Omar: Das ist übertrieben. Er ist gleich wieder aufgestanden und herumgelaufen. Das ist doch eine Lüge.

Sergej wird als Zeuge aufgerufen.

Christian: Als Zeuge vor Gericht muss ich dir sagen, du musst die Wahrheit sagen, sonst wirst du auch mit verurteilt. Was ist da vorgefallen?

Sergej: Ich wollte mich hinsetzen im Unterricht und da hat Omar mir den Stuhl weggezogen und ich bin hingefallen.

Dilek: Stimmt es, dass dir die Wirbelsäule wehgetan hat und du einen blauen Fleck hattest?

Sergej: Ja.

Omar: Das mit dem blauen Fleck hat mir keiner gesagt. Das höre ich heute zum ersten Mal.

Christian: Sergej, hattest du einen blauen Fleck?

Sergej: Ja.

Nun werden der Zeuge Sergej und der Angeklagte Omar hinausgeschickt, damit sich das Gericht beraten kann. Kein leichter Fall für die Richter, denn es ist schwer zu beurteilen, warum Omar Sergej den Stuhl weggezogen hat, mit der Absicht, ihn zu verletzen, oder vielmehr aus »Spaß«. Christian schaut im Gesetzbuch der Schule nach. Es ist in vier Abschnitte unterteilt:

1. Pflichtverletzung
2. Regelverstöße
3. Verletzung der Mitschüler
4. Verletzung der Menschenwürde und schwere Regelverstöße

Omars Tat fällt unter Punkt 3, denn er hat Sergej wehgetan. Im Gesetzbuch werden noch andere Beispiele für die Verletzung der Mitschüler genannt: »Schlägerei, Beleidigung, mit Feuerwerkskörpern und Schneebällen werfen. Mögliche Strafen: Entschuldigung, Schreiben eines persönlichen Briefes, Teilnahme an einem Sprachkurs, Anti-Aggressions-Training und Keep-Cool-Training.«

Auch die Klassenlehrerin von Omar wird in die Beratung mit einbezogen. Sie erzählt, dass Omar erst vor kurzem in die Klasse gekommen ist und er sich wie ein Macho verhält. Dadurch ist er ein Außenseiter geworden, der die Mitschüler oft beleidigt. Seine Schuld sieht er nie ein. Das Klassengericht hat ihn dazu verurteilt, einen Aufsatz über die Wirbelsäule zu schreiben. Das hat er jedoch nicht gemacht.

Aber auch Sergej hat für ein Vergehen schon einmal fünf Arbeitsstunden in der Schule aufgebrummt bekommen, die er noch nicht abgeleistet hat.

Nach der Beratung werden der Angeklagte und der Zeuge wieder hereingerufen.

Julia: Bitte alle aufstehen.
Christian: Im Namen der Richter ergeht folgendes Urteil: Omar, du bekommst einen Verweis und fünf gemeinnützige Arbeitsstunden. Die kannst du gleich mit Sergej zusammen abarbeiten, weil der seine auch noch ableisten muss.
Zur Begründung: Es gibt einen Verweis, weil du deine Schuld nicht einsiehst. Die fünf Arbeitsstunden bekommst du, damit du dich für das Allgemeinwohl einsetzen kannst. Nimmst du das Urteil an?
Omar: Ja.
Julia: Annehmen heißt, dass du es auch machst.
Omar: Ja.
Julia: Bitte unterschreib hier.
Christian: Hiermit ist das Berufungsgericht geschlossen.

Das Schülergericht ist eine gute Methode, mit der Schüler Gewalttaten untereinander verurteilen und bestrafen können. Es funktioniert natürlich nicht immer. Wenn Omar seine Strafe diesmal wieder nicht leistet, muss als nächstes der Rektor eingeschaltet werden.

Täter-Opfer-Ausgleich

In einer Lokalzeitung stand diese Meldung:

»Weil sie zur Klassensprecherin gewählt wurde, ist eine 14-Jährige von zwei eifersüchtigen Mitschülerinnen beinahe erstickt worden. Polizeiangaben zufolge befand sich das Mädchen zu Fuß auf dem Heimweg von der Schule. Ein 15-Jähriger begleitete sie. Plötzlich kamen eine 15-Jährige und eine 14-Jährige, bewaffnet mit einer zerbrochenen Flasche, auf sie zu. Diese hielten sie ihrer Mitschülerin vors Gesicht und bedrohten das Mädchen mit den Worten: »Bringen wir sie halt gleich um.« Der 15-Jährige versuchte einzuschreiten, konnte aber nicht verhindern, dass die Schülerinnen ihrem an Asthma leidenden Opfer eine Plastiktüte über den Kopf zogen. Erst kurz vor der Bewusstlosigkeit konnte sich die 14-Jährige aus der Tüte befreien. Die Polizei ermittelt nun wegen gefährlicher Körperverletzung.«

Zum Glück sind solche brutalen und lebensbedrohlichen Überfälle in der Schule oder auf dem Schulweg sehr selten, und so ein Fall lässt sich natürlich nicht am nächsten Tag mit Hilfe von Streitschlichtern oder durch ein Schülergericht regeln. Normalerweise würden die Täterinnen nach den Ermittlungen der Polizei wegen gefährlicher Körperverletzung angeklagt und vor Gericht gestellt werden. Denn ab 14 Jahren ist man in Deutschland strafmündig.

Es gibt aber noch eine andere Möglichkeit: den Täter-Opfer-Ausgleich. Das bedeutet, dass ein Täter nicht vor Gericht muss und per Gesetz bestraft wird. Stattdessen treffen sich Täter und Opfer mit einem professionellen Vermittler, um gemeinsam zu überlegen, wie der Täter den Schaden des Opfers wieder gutmachen kann. Eine solche Begegnung findet nur dann statt, wenn Täter *und* Opfer dies wollen.

Beim Täter-Opfer-Ausgleich geht es darum, durch eine persönliche Begegnung einen vielleicht schon länger andauernden Konflikt zu lösen, gegenseitige Vorurteile abzubauen und eine Versöhnung zu erreichen. Wie zum Beispiel in dem eben geschilderten Fall aus der Zeitung: Sicherlich hat es hier bereits vor dem Überfall Ärger zwischen den beteiligten Schülerinnen gegeben. Nur deshalb ist es so weit gekommen.

Beim Täter-Opfer-Ausgleich sollen im Rahmen eines Vermittlungsgesprächs die Täterinnen die Möglichkeit bekommen, sich in die Lage des Opfers, seine Angst und seinen Schock hineinzuversetzen. Beide Seiten werden aufgefordert, Vorschläge zu machen, wie der Konflikt zu lösen und der entstandene Schaden wieder gutzumachen ist. Gelingt es, zu einer Einigung zu kommen, hätte dies für alle Beteiligten Vorteile: Die Täter müssten nicht vor Gericht und die Opfer bräuchten in Zukunft höchstwahrscheinlich keine Angst mehr vor einer möglichen Rache der Täter zu haben.

Zehn Tipps für richtiges Verhalten

Niemand ist vollkommen sicher vor Gewalt. Aber du kannst dich in einer bedrohlichen Situation so verhalten, dass sie nicht eskaliert. Du kannst lernen, dich vor einem Angreifer zu schützen. Selbst wenn du nicht verhindern kannst, dass dich jemand »abzockt« – es gibt Möglichkeiten, in einem bestimmten Rahmen aktiv zu handeln. Kurse für Zivilcourage oder Selbstbehauptung zeigen dir, wie es dir mit einfachen Mitteln gelingt, einen Angreifer abzulenken oder zu verblüffen. Solche Kurse gibt es in jeder Stadt und sie sind wirkungsvoll: Eine Studie hat gezeigt, dass 70 Prozent aller Gewalttäter von ihrem Plan ablassen, wenn sich das Opfer mit Worten wehrt! Oft genügt eine kleine, unerwartete Handlung des Opfers, um eine bedrohliche Situation zu entschärfen. Hier einige Tipps:

1. Wenn du kannst: Hau ab! Wer wegläuft, ist kein Feigling, zumal wenn die anderen in der Überzahl sind.
2. Lauf dahin, wo sich Menschen aufhalten: belebte Plätze …
3. Schrei nicht einfach »Hilfe!«. Darauf reagiert leider meist niemand. Wende dich direkt an jemanden und bitte um Hilfe.
4. Wenn du nicht weglaufen kannst: Versuche, ruhig mit dem Angreifer zu reden.
5. Sieh dem Angreifer direkt in die Augen, wende nicht den Blick ab.
6. Gib ihm, was er haben will. Wehre dich nicht.
7. Verhalte dich nicht unterwürfig. Sag ruhig und deutlich, dass dir die Situation nicht passt.
8. Tue etwas Unerwartetes, sag z. B. etwas Überraschendes, etwas, womit der Angreifer nicht rechnet.
9. Danach: Rede mit einem Erwachsenen über das, was passiert ist. Überlege, was du nun tun kannst.
10. Wenn du den Täter kennst: Erstatte Anzeige. Ein Strafverfahren bekommen Jugendliche zwar erst ab 14 Jahren, Ärger bekommt der Täter aber auf jeden Fall.

SCHULE – EINFACH SUPER?!

Es ist traurig, wie viel Gewalt Alessa, Franziska, Marcel und andere schon in der Schule aushalten mussten. Auf der anderen Seite ist es aber toll zu sehen, welche Möglichkeiten es gibt, das Klima in der Schule zu verbessern!

Eins ist klar: Die Super-Schule ohne Ärger, Streit, Gewalt und Mobbing gibt es nicht. Denn überall, wo Menschen zusammenkommen, können Konflikte entstehen. Aber bestimmt findest du an deiner Schule auch Dinge, die dir gut gefallen.

Bei uns fühlen sich Blinde und Behinderte nicht ausgeschlossen, das ist toll. Das Klima hier ist ganz gut. Alle sind gleichberechtigt. Und weil jeder Solidarität lernt, gibt es auch nicht so oft Streit. Wir haben einen tollen Pausenhof, eine große Wiese und einen Teich. Und wir haben einen Schulgarten und Bienen. Da kümmert sich die Imker-AG drum, die verkaufen dann auch Honig. Außerdem gibt es eine Schulgarten-AG und eine Schülerzeitungs-AG, eine AG, die Partys organisiert, usw. Das ist toll, denn so können wir viel zusammen machen, was nicht nur mit Unterricht zu tun hat. Ich lerne die anderen so viel besser kennen.

ALEXANDRA, 14

> Bei uns in der Klasse dürfen wir Bewertungen für die Lehrer schreiben. Das finde ich ganz gut. Doof ist aber, wenn jemand einen Lehrer dann dabei total beschimpft und nicht seinen Namen drunterschreibt.
>
> MAGDALENA, 13

> Mir gefallen die Lehrer an unserer Schule. Die Schüler hier sind auch nicht so brutal, ich gehe gerne in die Schule. Wir haben mehrere Höfe, einen Sportplatz, eine Kletterwand und Basketballkörbe. Dann gibt es auch noch große Schach- und Dame-Bretter auf dem Beton. Das können wir alles nutzen in den Pausen, das macht totalen Spaß.
>
> JONAS, 13

Alexandra, Magdalena und Jonas gehen alle auf dieselbe Schule. Das ist keine besondere Schule, und es gibt immer noch vieles, das ihnen nicht gefällt. Aber alle drei haben gemerkt, dass Schule ein Ort ist, den sie mitgestalten können. Zum Beispiel, indem sie in der Imker-AG mitmachen. Und auch, indem sie die Klettergerüste auf dem Hof nicht mutwillig zerstören. Oder faire Kritik an ihren Lehrern üben.

Auch du kannst in deiner Schule zu einem guten Klima beitragen. Wenn sich alle für ihre Schule einsetzen, wird es auch zu weniger Gewalt kommen. Denn die entsteht meistens dort, wo man sich nicht wohl fühlt.

Es sind kleine Dinge, die du verändern kannst. Und wenn jeder ein bisschen etwas verändert, verändert sich das Ganze. Natürlich muss dies von den Erwachsenen mitgetragen werden. Im folgenden Abschnitt werden einige Ideen und Projekte zur Schaffung eines besseren Schulklimas vorgestellt, Beispiele dafür, wie leicht sich etwas verbessern lässt. Sie sollen dir Lust und Mut machen, über mögliche Veränderungen an deiner Schule nachzudenken.

Ein eigenes Land in der Schule

In der Hauptschule am Gerhart-Hauptmann-Ring in München gestalten die Schüler einen großen Teil des Schullebens mit. Für sie ist ihre Schule mehr als nur ein Ort, in den sie der Schulpflicht wegen gehen müssen. Schüler und Lehrer verstehen die Schule als einen kleinen Staat, als ein Land für sich. »Wir wollen in der Schule nicht nur für das Leben lernen und lehren! Die Schule ist für uns das Leben!«, steht auf der Internetseite der Schule (www.ghr.mailfay.com).

Anders als in anderen Schulen ist zum Beispiel der Rektor hier nicht der Chef, der alles allein bestimmt. Stattdessen gibt es eine »Schulregierung«, die sich aus vielen verschiedenen Personen zusammensetzt: dem Schulleiter, den je fünf Jahrgangsstufensprechern und drei Vertretern des Elternbeirates. Zur Regierung gehören außerdem noch der Schlichtungsminister, die Schul-Justizministerin, die Schul-Wirtschaftsministerin, der Schul-Finanzminister und der Pressereferent der Schule (allesamt Lehrer). Einmal im Monat trifft sich die Jahrgangsstufenkonferenz und bespricht aktuelle Probleme, plant Ideen und Vorhaben.

Dadurch, dass jeder bei der Gestaltung des Schullebens mithelfen kann, lässt sich der eingefahrene Alltag verändern – das haben alle schnell gemerkt. Die Schüler sind selbstbewusster, weil sie lernen, Verantwortung zu übernehmen. Eltern engagieren sich stärker, und Lehrer entdecken, was ihre Schüler alles auf dem Kasten haben. Weil von Schülern, Eltern und Lehrern vieles gemeinsam beschlossen wird, sind Entscheidungen verständlicher und leichter zu akzeptieren. Alle haben das gute Gefühl, zur Schule zu gehören.

> **Wir können so alle die Schule mit verbessern und das ist gut. Demnächst streichen alle vier Klassen in unserem Trakt auch die Wände und gestalten sie neu. Wir haben auch Klassenregeln, nach denen wir uns verhalten.**
>
> **JULIA, 13**

In der Münchener Schule gibt es übrigens nicht nur eine Schulregierung, sondern – wie in einem richtigen Staat – auch eine
Verfassung. Im Artikel 1 steht etwas Ähnliches wie im Grund-
gesetz Deutschlands:

»Die Würde des Menschen.
Alle Angehörigen unserer Gemeinschaft gehen so miteinander um, dass
die Würde des Einzelnen geachtet und nicht verletzt wird.«

Das klingt toll und in den meisten Fällen funktioniert die neue
Struktur auch, denn in jeder Klasse haben sich die Schüler
überlegt, wie sie für sich die Grundregeln der Schule umsetzen
wollen. Zusätzlich hat jede Klasse eigene Gesetze »erlassen«,
an die sie sich halten will. Die Schüler der 7a haben lange diskutiert, bevor sie ihre eigenen zwölf Regeln fertig hatten. Jeder
Einzelne konnte sagen, was ihm besonders am Herzen liegt.
Schließlich einigte sich die Klasse dann gemeinsam auf die
Dinge, die ihnen für einen friedlichen Umgang miteinander am
wichtigsten sind:

Klassengesetze der Klasse 7a

1. Wir respektieren jeden in unserer Schule.
2. Wir gehen mit allen im Haus friedlich und freundlich um.
3. Wir wenden weder körperliche noch seelische Gewalt an.
4. Wir versuchen, Probleme im Gespräch zu lösen.

5. Wir wenden uns an den Klassenrat, die Schlichter oder die Richter, wenn sich ein Problem nicht im Gespräch lösen lässt.
6. Wir akzeptieren die Entscheidungen des Klassenrats.
7. Wir setzen uns für unsere Klasse ein, indem wir Ämter übernehmen.
8. Wir sind zuverlässig und haben unsere Sachen immer dabei.
9. Wir stören den Unterricht nicht.
10. Wir sind pünktlich und sitzen auf dem Platz, bevor die Lehrkraft eintrifft.
11. Wir lachen niemanden aus, wenn er einen Fehler gemacht hat.
12. Wir befolgen alle Regeln und Gesetze an unserer Schule.

Mittlerweile gibt es an vielen Schulen solche Abmachungen. Nicht überall werden sie »Gesetze« genannt wie in der Münchener Hauptschule. Manchmal heißen sie auch »Regeln« oder »Vereinbarungen«. Eine gute Idee, um sich gemeinsam darüber klar zu werden, wie das Zusammenleben in der Klasse oder Schule am besten funktionieren müsste. Diese Abmachungen sind mit Sicherheit besser und wirkungsvoller als Schulregeln, die ein Direktor oder die Lehrerschaft irgendwann einmal aufgestellt haben und bei denen Schüler nicht mitbestimmen durften. Denn im Vergleich zu Regeln, die vom Lehrer vorgegeben worden sind, fällt es der Klasse leicht, sich an die selbst aufgestellten Richtlinien zu halten.

Es funktioniert fast immer, dass wir uns an die Regeln halten.

MARIA, 13

Wir haben ja auch alle unterschrieben. Und wer unterschreibt, muss sich daran halten. Wenn nicht, besprechen wir das im Klassenrat.

YVONNE, 13

Einmal in der Woche gibt es in jeder Klasse der Hauptschule eine Klassenratssitzung. Hier werden sämtliche Vorfälle besprochen. Zum Beispiel wenn sich jemand über etwas geärgert hat oder wenn es Streit gab.

Bei den Klassenratssitzungen der Klasse 7a herrscht eine sehr konzentrierte Stimmung, alle sprechen ruhig miteinander, niemand ruft dazwischen.

Heute eröffnet Christian die Sitzung. »Wer hat etwas zu sagen?«, fragt er.

Julio schlägt vor, von den Zetteln vorzulesen, die hinten am Schrank hängen. Dort konnten die Schüler während der Woche ihre wichtigen Punkte aufschreiben. Diese Woche hängen zwei Zettel dort. Auf dem ersten steht als Überschrift: »Ich habe mich geärgert, dass...« Darunter hat Melli geschrieben: »... es in der Sportstunde der Mädchen immer Streit gibt.« Sie ärgert sich, dass immer gezankt wird, und würde gerne darüber sprechen. Auf dem nächsten Zettel steht: »Ich schlage vor, dass...« Darunter hat Sarah geschrieben: »... die Mädchen, die sich streiten, zum Streitschlichter gehen.« Im Klassenrat erklärt sie: »In der letzten Sportstunde hat Denise sogar geweint.« Julia und Denise, die sich gestritten hatten, erklären, dass sie sich bereits geeinigt haben und sich jetzt vertragen wollen. Damit ist dieser Fall für heute erledigt.

Als Nächstes nimmt Christian Sherif dran. Dieser hat sich geärgert, dass Amanda im Sportunterricht die Tür zur Jungen-Umkleide aufgerissen hat und dann fortgelaufen ist. Amanda sagt laut, so dass es jeder hören kann: »Ich bitte um Entschuldigung.«

Das Wort »Entschuldigung« fällt oft in der Klassenratssitzung: Sherif entschuldigt sich von selbst dafür, dass er im Kunstunterricht mit Papierkugeln geworfen hat. Das hat vor allem die Mädchen gestört. »Du solltest dich aber auch bei der Kunstlehrerin entschuldigen«, findet Fuad und Sherif sieht das ein. Yvonne beschwert sich, dass im Kochunterricht mit Handtüchern geworfen wird. Daraufhin versprechen Emin und Dennis, das in Zukunft nicht mehr zu tun.

> **Wenn wir uns im Klassenrat entschuldigt haben, halten wir uns auch an die Abmachung.**
>
> EMIN, 13

> **Manche vergessen auch ihr Versprechen, das sie im Klassenrat gegeben haben. Dann müssen wir es halt noch mal besprechen.**
>
> FUAD, 13

Nachdem alle Streitereien geklärt wurden, steht ein weiterer Punkt auf der Klassenratssitzung: Julia schlägt vor, künftig alle drei Wochen die Sitzordnung zu ändern. Bislang setzen sich die Schüler in der 7a nach einem Losverfahren alle sechs Wochen um. Durch diese Methode lernen sich alle besser kennen und das ist gut für das Klima in der Klasse.

Zusammen diskutieren die Schüler Julias Idee. Sherif schlägt als Kompromiss vor, sich immer am ersten Schultag eines Monats (also nach vier bis fünf Wochen) umzusetzen. Bei der Abstimmung ist fast jeder dafür. Als Christian nach nicht einmal 30 Minuten die Klassenratssitzung beendet, sind alle zufrieden. Die Streitigkeiten sind ausgeräumt, für alles wurde eine Lösung gefunden – ganz ohne Strafen der Lehrer oder Besuch beim Direktor.

Außer der Schulregierung und der Klassenratssitzung gibt es an der Gerhart-Hauptmann-Hauptschule noch einige andere ungewöhnliche Projekte, so zum Beispiel Schülerfirmen – wie die Textilfirma »Schnipp Schnipp« oder die Gärtnerei. Beide werden von Schülern betrieben und wirken über die Schule hinaus. Nachbarn bringen den Schülern ihre Blumenkästen, damit diese sie neu bepflanzen können. Das eingenommene Geld investieren die Schüler dann in neue Projekte.

Wer an der Hauptschule am Gerhart-Hauptmann-Ring etwas Besonderes leistet, wird zum »Ehrenbürger« ernannt. Einmal im Jahr feiert die Schule ihren »Verfassungstag«, und dann werden diejenigen geehrt, die sich als Streitschlichter, Richter, Pausenaufsicht oder in einer Firma engagieren.

> Ich bin Pausenaufsicht. Das mache ich freiwillig und es macht mir
> Spaß. Ich passe auf, dass in der Pause nicht gedrängelt, sich geprügelt
> und geraucht wird. Wir gucken auf dem Hof, in den Gängen und in
> den Toiletten. Wir sind immer in einer Gruppe aus mehreren
> unterwegs, da sind auch Acht- und Neuntklässler dabei. Und wenn
> sich welche prügeln, greifen wir auch mal ein oder holen den Lehrer.
>
> TURAK, 13

Das Buddy-Projekt

»Wenn Lehrer nicht helfen können, hilft Buddy« – Das ist das
Motto des Buddy-Projektes, das es an einigen Schulen in
Deutschland gibt und bei dem jeder mitmachen kann. Der Begriff »Buddy« stammt aus dem Amerikanischen und heißt so
viel wie »Kumpel«. Auch hinter diesem Projekt steckt die Idee,
dass Gleichaltrige sich gegenseitig oft am besten helfen können.

Die Buddy-Idee funktioniert auf mehreren Ebenen. Es gibt
zum Beispiel das »Reverse-Role-Modell«, das heißt so viel wie
»umgekehrte Hilfe«. Die Klasse überlegt gemeinsam, wer in
welchem Fach Hilfe braucht und wer so gut ist, dass er Hilfe
geben kann. Das variiert je nach Unterrichtsfach oder -thema.
Wer helfen kann, hilft – und kann sich gleichzeitig darauf verlassen, bei den eigenen Problemen ebenfalls unterstützt zu
werden.

Bei uns in der Schule gibt es auch Klassen-Buddys. Das funktioniert so, dass die, die in einem Fach gut sind, anderen helfen, die schlechter sind. Ich bekomme jetzt auch einen Buddy für Deutsch, den Daniel. Wir sitzen jetzt das ganze Schuljahr in Deutsch nebeneinander. So lerne ich viel mehr, weil ich Daniel ja auch fragen kann, wenn ich etwas nicht verstehe. Das finde ich ziemlich toll.

CLAUDIA, 15

Claudia geht auf die Montessori-Hauptschule in Düsseldorf. Sie hat nicht nur einen Buddy, der ihr hilft, auch sie kann – im Gegenzug – natürlich anderen helfen. Zum Beispiel in Englisch, wo sie ganz gut ist. Dort ist sie Buddy für einen Mitschüler. Wie diese Hilfe im Einzelnen funktioniert, organisieren die Schüler selbst und darauf sind sie ziemlich stolz.

Über die Nachhilfe hinaus gibt es noch andere Aufgaben innerhalb des Buddy-Systems: Buddys gehen zum Beispiel auf dem Pausenhof dazwischen, wenn es Streit gibt. Ältere Schüler aus der neunten Klasse kümmern sich um Neulinge, die in der fünften Klasse auf die Schule kommen, damit sie sich zurechtfinden und gut eingewöhnen können. Auch wenn ein Schüler zu Hause oder mit Freunden Probleme hat, kann ein Buddy eine große Hilfe sein. Die Grundidee des Buddy-Projekts ist es, dass an der Schule alle in einem Boot sitzen. Und dieses Boot lässt sich nur gemeinsam ruhig weitersegeln.

Claudia profitiert nicht nur von dem »Reverse-Role-Modell«, sondern ist selbst seit drei Jahren Buddy. Sie trifft sich regelmäßig montags in der siebten und achten Stunde mit der Buddy-Gruppe. Dort bespricht man Probleme. Wenn ein Buddy in einem Fall nicht mehr weiterweiß, findet meist jemand aus der Gruppe eine Lösung.

Claudia hat selbst schon einmal gute Erfahrungen mit einem älteren Buddy gemacht. Als sie elf Jahre alt war, steckte sie in ziemlichen Schwierigkeiten. Damals half ihr die vier Jahre ältere Sara, wieder zurechtzukommen.

Claudia, 15

Alles fing an, als ich in der fünften Klasse war. Damals hatte ich das erste Mal ziemliche Probleme mit meinen Eltern. Mein Klassenlehrer, der auch Vertrauenslehrer an unserer Schule ist, kam auf mich zu und erzählte mir vom Buddy-Projekt. Dass da Mitschüler anderen Schülern helfen würden, bei Stress zu

Hause, bei Hausaufgaben und so weiter. Ich hab zuerst nicht zugegeben, dass ich zu Hause Probleme hatte, den Unterrichtsstoff überhaupt nicht kapierte und mir nur Feinde machte. Ich habe früher ziemlich viel gelogen und das haben die anderen natürlich gemerkt und mich deshalb nicht gemocht.

Irgendwann sprach mich dann Sara an. Ich merkte, sie will Vertrauen aufbauen. Erst sagte sie immer einfach nur: »Hallo, wie geht's?«, nach einer Weile unterhielten wir uns dann öfter mal länger. Sie sagte mir, dass sie gerne mein Buddy wäre und sich um mich kümmern würde. Erst vertraute ich ihr nicht und wusste nicht, was sie von mir wollte. Sie half mir bei den Eng-lisch-Hausaufgaben und schließlich freundeten wir uns an. Ich erzählte ihr dann auch von dem Ärger zu Hause. Ich hatte tierischen Stress mit meiner Mutter und irgendwann habe ich es nicht mehr ausgehalten und bin abgehauen. Dann habe ich Sara angerufen und sie gefragt, was ich machen soll. Sie überredete mich, wieder nach Hause zurückzugehen, und versprach mir, am nächsten Tag mit mir in der Schule darüber zu reden und mir zu helfen.

Sara konnte mir bei vielen Dingen helfen. Wegen Englisch wäre ich beinahe sitzen geblieben und heute bin ich gut darin und sehr stolz drauf. Mit meiner Familie ist heute auch wieder alles okay und alleine, ohne Sara als Buddy, hätte ich das alles nicht geschafft. Das Buddy-Projekt ist für mich sehr wichtig geworden und ich bin ziemlich schnell selbst Buddy geworden. Es gibt so viele Menschen, die nie richtig reden und nie erzählen, wo ihre Probleme liegen. Man kann Menschen aber nur helfen, wenn sie reden wollen. Man fühlt sich besser, wenn man einem anderen Menschen geholfen hat. Mittlerweile habe ich schon vielen geholfen, weil ich schon so lange dabei bin. In der Bud-dy-Gruppe bin ich jetzt die Älteste mit der meisten Erfahrung.

Ich glaube, Schüler können besser helfen als Erwachsene.

Wir haben ja viel mehr Kontakt zu Gleichaltrigen und kommen besser an sie ran. Die Lehrer kriegen ja vieles überhaupt nicht mit und wissen nicht, was wirklich läuft.

Für mich ist es gut, Buddy zu sein. Ich habe viel mehr Selbstvertrauen als früher und ich kann Streitereien mittlerweile gut aus dem Weg gehen. Wir haben ein Anti-Aggressions-Training gemacht, wo ich gelernt habe, einfach wegzugehen, wenn mich jemand blöd anmacht. Ich habe auch gelernt, anderen Menschen zu vertrauen. Und ich kann Verantwortung für andere übernehmen.

Ich glaube, dass wir eine ganz gute Schule geworden sind durch das Buddy-Projekt. Früher gab es viel mehr Gewalt bei uns, heute ist das nicht mehr so. Natürlich gibt es noch Vorfälle, aber das ist ja normal und das gibt es überall. Das Klima in der Schule und bei uns in der Klasse ist gut. Ich finde Klassengemeinschaft sehr wichtig und wir halten ziemlich zusammen. Klar, es gibt auch Streit, aber wir können darüber reden. Im Klassenrat kann alles geklärt werden.

Sara, 19, Ex-Schülerin

Mein Lehrer hat erzählt, dass er in der fünften Klasse ein Mädchen mit familiären und schulischen Problemen hat und fragte, ob ich der nicht Nachhilfe geben könnte. Ich habe gesagt, dass ich das gerne versuchen will. Also habe ich der Claudia erst einmal Nachhilfe gegeben. Claudia war am Anfang nicht so begeistert, aber als die ersten Erfolge kamen und ihre Noten in Englisch besser wurden, da hat es ihr auch richtig Spaß gemacht. Ihr Lehrer sagte ihr, entweder nimmt sie die angebotene Hilfe an oder sie bleibt sitzen. Deshalb hat sie meine Hilfe überhaupt angenommen. Wir haben uns dann ganz gut verstan-

den, und sie hat mir von dem Stress zu Hause erzählt. Als sie von zu Hause abgehauen ist, hat sie mich gleich angerufen. Ich hatte ihr meine Handynummer gegeben, damit sie mich Tag und Nacht erreichen kann. Und wir haben das wieder hingebogen mit den Eltern. Dadurch sind Claudia und ich sehr zusammengewachsen.

Mir bedeutet das Buddy-Projekt viel. Damit hilft man anderen. Und genau diese Hilfe hätte ich auf meiner alten Schule sehr gut gebrauchen können. Dort ging es mir ziemlich schlecht. Deshalb habe ich gerne geholfen. Es gab mir selbst ein Gefühl von Geborgenheit, weil alle, die beim Buddy-Projekt mitarbeiten, wie eine zweite Familie sind. Ich habe neue Freunde gefunden, das ist ein schönes Gefühl. Man kriegt dadurch auch Selbstbewusstsein, wenn man anderen helfen kann. Wenn man gemeinsam Erfolgserlebnisse hat mit der Person, der man hilft.

Nicht jeder akzeptiert gleich die Hilfe von einem Buddy. Für manche ist es uncool. Es dauert eine Weile, bis sie überzeugt sind, dass sie Hilfe brauchen und dass man ihnen auch helfen kann.

Eine Buddy-Gruppe kann es an jeder Schule geben. Die ideale Größe sind acht bis zwölf Schüler. Wichtig ist aber, dass sich auch ein Lehrer dafür einsetzt und die Gruppe betreut. Er kann dir zum Beispiel durch spielerische Übungen beibringen, wie du ein guter Ansprechpartner wirst, wie du gut zuhören und bei Problemen helfen kannst. Die Gruppe ist immer dann wichtig, wenn du alleine nicht mehr weiterkommst. Ihr könnt euch dann über eure Erfahrungen und Schwierigkeiten austauschen.

Informationen über das Buddy-Projekt findest du im Internet unter www.buddy-projekt.de.

Schule: eine Gemeinschaft

Das Gemeinschaftsgefühl ist das wichtigste, wenn eine Schule gut funktionieren soll. Fachleute sprechen von »Corporate Identity«: Das ist ein englischer Begriff, der eigentlich aus der Wirtschaft kommt. Es geht darum, wie sich eine Firma nach außen darstellt und wie sie gemeinsame Denkweisen und Werte vermittelt. Auch in Schulen sind solche Fragen sehr wichtig: Wie lässt sich innerhalb der Schule ein Gemeinschaftsgefühl entwickeln? Wie erreicht man, dass alle – Schüler und Lehrer – gerne in die Schule gehen und vielleicht sogar stolz darauf sind dazuzugehören? Was muss passieren, damit jeder dabei mithilft, die Schule zu einem schönen und friedlichen Ort zu machen?

> Wir haben eine bewegte Pause, das ist immer die zweite Pause. Da darf man in die Turnhalle gehen und Ball spielen. Fußball, Handball, Basketball oder so. Wir haben drei Turnhallen, da ist ziemlich viel Platz.
>
> TIM, 12

> Ich finde die Cafeteria gut, die wir haben. Da kann man auch zu Mittag essen. Da kocht die Frau vom Hausmeister, das ist lecker. Außerdem haben wir eine Bücherei.
>
> JULIUS, 12

Die Schüler und Lehrer des Gymnasiums in Pullach sind dabei, ihre Schule zu verändern (www.gymnasium-pullach.de). In vielen kleinen Schritten versuchen alle, eine Atmosphäre zu schaffen, in der jeder sich wohl fühlt. Die bewegte Pause und die Cafeteria sind nur ein Anfang. Natürlich lösen sich Leistungsdruck, Streitereien, Mobbing oder zu langweiliger Unterricht nicht von heute auf morgen in nichts auf. Aber immerhin gibt es schon viele gute Ideen, um das Miteinander zu verbessern: zum Beispiel ein Tutorensystem, das ähnlich wie das Buddy-System funktioniert. Schüler aus der zehnten Klasse versuchen, den Fünftklässlern die erste Zeit in der neuen Schule zu erleichtern. Sie sind als »Kummertanten« für sie da und helfen mit, dass sich eine gute Klassengemeinschaft bildet. Dazu veranstalten sie in der ersten Woche eine große Schulhaus-Rallye und unternehmen auch im Laufe des Schuljahres immer mal wieder etwas gemeinsam mit den Fünftklässlern.

Weil die Idee aber ziemlich neu ist, funktioniert sie noch nicht reibungslos. In der zehnten Klasse haben sich bislang nur Mädchen gemeldet, die mit den Fünftklässlern etwas unternehmen wollen; und die Fünftklässler bedauern, dass nicht noch mehr angeboten wird.

> Die Zehntklässler kümmern sich um die Fünftklässler, damit sie sich richtig auskennen, wenn sie neu in die Schule kommen. Aber das haben sie nicht so ganz richtig gemacht, ich wusste zum Beispiel lange nicht, dass es eine Schul-Bücherei gibt.
>
> FABIAN, 12

> Man müsste vereinbaren, dass man sich regelmäßig trifft. Einmal die Woche oder so.
>
> TIM, 12

Gut funktionieren die Projekte in den einzelnen Klassen. Jedes Jahr arbeiten Schüler und Lehrer zusammen an einem großen Thema. Im letzten Schuljahr ging es zum Beispiel um das Thema Wasser. Jede Klasse und jeder Jahrgang konnte in allen Fächern Projekte bearbeiten, die etwas mit Wasser zu tun hatten. Manche Gruppen setzten sich aus Schülern verschiedener Altersgruppen zusammen. Das ganze Schuljahr über wurden viele Ausflüge unternommen, Wissenschaftler und Experten aus Wirtschaft, Kultur oder Kunst eingeladen und auch der Weihnachtsbasar hatte etwas mit Wasser zu tun: Der Erlös aus dem Verkauf ging nämlich an eine Schule in Afrika, die ein eigenes Wasserversorgungssystem bauen will.

Wichtig für die »Corporate Identity« ist es auch, dass jede Klasse weiß, mit welchen Projekten sich die anderen beschäftigen, woran sie arbeiten und wen sie unterstützen. Deshalb gibt es in Pullach am Ende eines jeden Schuljahres ein riesiges Fest, auf dem alle Projekte vorgestellt werden. So bleiben die Aktionen nicht im eigenen Klassenraum stecken, sondern erreichen die ganze Schule und einen Teil der Öffentlichkeit. Und die ganze Schule kann stolz sein, gemeinsam etwas geleistet zu haben.

Doch auch im Gymnasium Pullach läuft nicht alles perfekt. Noch immer müssen die Lehrer Verweise aussprechen – viel zu viele, wie die Schüler finden. Und noch immer werden regelmäßig Schüler und Schülerinnen zur Direktorin gerufen. Doch die hat mittlerweile ein eigenes Bestrafungssystem entwickelt. In der Regel fragt sie den betreffenden Schüler als Erstes, was er seiner Meinung nach tun könnte, um sein Vergehen wieder gutzumachen. Die meisten Ideen für Strafen kommen deshalb von den Schülern selbst – und sie bringen oft viel mehr als die üblichen Strafarbeiten der Lehrer. Fast immer

sind es praktische Dinge: dem Hausmeister helfen, etwas zu reparieren, den Kunstsaal putzen, Laub rechen oder Ähnliches.

Vielleicht haben dir diese Ideen aus dem Gymnasium Pullach, aus der Hauptschule am Georg-Hauptmann-Ring oder aus der Montessori-Schule in Düsseldorf ja gefallen? Vielleicht wünschst du dir, so etwas wäre auch an deiner Schule möglich? Oder vielleicht hast du ganz neue Ideen bekommen, wie sich Schule verbessern ließe? Dann setzt euch doch einmal in eurer Klasse zusammen und überlegt gemeinsam, was ihr verändern könnt. Wenn jeder etwas dafür tut, dass das Schulklima besser wird, gehen auch Gewalt, Mobbing und Abzocke zurück. Je mehr ihr miteinander redet, euch kennen lernt und vertraut, desto mutiger werdet ihr sein, euch dagegen zu wehren, was euch nicht passt. Ein erster Schritt ist schnell gemacht.

Zehn Merkmale für eine gute Schule

1. Lehrer und Schüler sehen die Schule als »ihre« Schule an.
2. Regeln werden gemeinsam aufgestellt und von allen eingehalten.
3. Konflikte werden angesprochen und gewaltfrei gelöst.
4. Schüler haben viele Möglichkeiten zur Mitgestaltung: im Unterricht, in den Klassenzimmern, auf dem Pausenhof.
5. Schüler und Lehrer haben Vertrauen zueinander.
6. Alle haben gemeinsame Ziele. Jeder strengt sich an, sie zu erreichen.
7. Die Lehrer bemühen sich, spannenden Unterricht zu machen, Neues auszuprobieren und die unterschiedlichen Fähigkeiten der Schüler zu unterstützen.
8. Die Schüler arbeiten in Gruppen und suchen eigene Lösungen.
9. Schüler und Lehrer haben das Gefühl, täglich etwas Wichtiges zu lernen.
10. Es wird viel gelacht.

STARK FÜR EIN FRIEDLICHES MITEINANDER

Eine Schule kann sich nicht von heute auf morgen verändern. Selbst wenn ihr viele gute Ideen habt, können Gewalt und Mobbing sich nicht sofort in Luft auflösen. Eine starke Klassengemeinschaft mit selbstbewussten Schülern braucht Zeit, sich zu entwickeln.

Stark sein heißt nicht, körperlich überlegen zu sein. Stark sein heißt, friedliche Lösungen für Konflikte inner- und außerhalb der Schule zu suchen. Und wenn du danach suchst, wirst du sie auch finden.

Stark sein heißt auch, dass man genug Selbstvertrauen hat, um Dinge verändern zu können. Dass du, wenn du einmal das Opfer einer Gewalttat bist, nicht zwangsläufig immer wieder zum Opfer werden musst. Dass du andere Möglichkeiten hast, als zuzuschlagen, wenn du sauer oder traurig bist. Selbstvertrauen kannst du lernen. Nicht von heute auf morgen, aber Schritt für Schritt.

Viele Schulen bieten dir im Rahmen von Arbeitsgemeinschaften oder Projekten die Möglichkeit herauszufinden, was du gut kannst: Klettern, Jonglieren, Rappen oder Breakdance? Vielleicht engagierst du dich auch gerne bei speziellen Aktionen gegen Gewalt und Aggression?

Über vier solcher Beispiele kannst du in den nächsten Kapiteln Genaueres erfahren. Sollte eure Schule etwas Derartiges noch nicht anbieten, sprich deinen Lehrer doch mal darauf an.

Manchmal musst du den ersten Schritt machen, damit sich an deiner Schule etwas ändert.

Die folgenden Projekte funktionieren alle nach einem ähnlichen Prinzip. Dahinter steckt ein einfacher Gedanke: Wenn du Vertrauen in dich selbst hast und weißt, dass du etwas kannst, ist der wichtigste Schritt gemacht, nämlich dich selbst und andere zu respektieren. Nur wer sich selbst mag, kann auch andere mögen. Dann kannst du darauf achten, wie es anderen geht, und Mitgefühl empfinden. Und den Mut entwickeln, etwas zu verändern.

1. »Zammgrauft«

»Zammgrauft« ist bayrisch und heißt: sich zusammengerauft haben, also friedlich miteinander leben. »Zammgrauft« ist der Name eines Projekts, das die Münchener Polizei entwickelt hat, um Gewalt zu verhindern. Es wendet sich an Kinder und Jugendliche zwischen 12 und 16 Jahren. Schulklassen und Jugendgruppen können im Rahmen eines Kurses teilnehmen. Mitmachen kannst du in München oder Umgebung (www.polizei.bayern.de). Wenn du woanders wohnst, macht das nichts: Die Polizei in anderen Bundesländern bietet ähnliche Projekte an.

Wenn eine Klasse sich für »Zammgrauft« entschieden hat, kommt an zwei Projekttagen ein Polizeibeamter zu ihnen in die Schule. Durch Spiele und Gespräche sollen alle lernen, sich besser in ihre Mitschüler hineinzuversetzen und friedfertiger miteinander umzugehen.

Auch die Klasse 7c eines Münchener Gymnasiums hat bei »Zammgrauft« mitgemacht. Denn die meisten Schüler fühlten sich nicht wohl in ihrer Klasse. Es gab keine gute Klassengemeinschaft und wenig Teamgeist, stattdessen Mobbing. Diese Situation wollten sie ändern.

> Ich fand ganz gut, dass man bei den Spielen auch mal gemerkt hat, wie es ist, wenn man ausgeschlossen wird. Das hat's schon gebracht.
>
> TOM, 12

In Rollenspielen werden verschiedene Situationen nachgestellt. Mal nimmst du die Rolle des Täters, mal die Rolle des Opfers ein, um nachvollziehen zu können, wie sich Situationen entwickeln. Du merkst, wie verletzlich dein Körper ist, welche Stellen du am meisten schützen willst. Gewöhnlich sind das der Bauch, die Genitalien, Gesicht und Kopf – also genau die Regionen, die bei einer Schlägerei oft angegriffen werden.

Du lernst auch, wie du Grenzen setzen und dich selbst schützen kannst – zum Beispiel mit dem »Stopp-Spiel«, bei dem es darum geht, andere aufzufordern, den persönlichen Bereich zu respektieren.

Die Münchener Schüler haben eins ganz schnell gemerkt: Was vom einen oft als »Spaß« bezeichnet wird, kann dem anderen wehtun, ihn verletzen und von ihm als Gewalt empfunden werden. Keiner entscheidet für den anderen, was Gewalt ist!

Ich fand es gut, dass wir über verbale und körperliche Gewalt gesprochen haben. Ich habe immer gedacht, dass Wörter wie »Vollidiot« nicht schlimm sind. Aber wenn ich das zu Tom sage, ist der vielleicht eingeschnappt und hat innerlich einen blauen Fleck.

MAXIMILIAN, 12

Zusammen mit deinen Mitschülern erfährst du, wie wichtig gegenseitiges Vertrauen und gegenseitige Unterstützung sind.

Teamarbeit ist ein wichtiges Thema des Projektes. Anhand verschiedener Spiele wird euch bewusst, wie gut ihr als Gruppe funktionieren könnt. Viel besser als allein.

Das heißt auch: niemanden ausgrenzen und möglichst gemeinsam nach Lösungen suchen. Wenn jemand zum Außenseiter wird, haltet nicht einfach still, sondern sagt offen, was ihr denkt!

In einem Spiel ging es auch darum, zur eigenen Meinung zu stehen. Das fand ich gut. Bei uns gibt es viele Mitläufer, die nie ihre Meinung sagen.

VINCENT, 12

Es gab auch so ein Spiel mit zwei Gruppen – den Jägern und den Elefanten. Die Elefanten mussten sich gegenseitig helfen, um den Jägern zu entkommen. Wir mussten uns absprechen und zusammenhalten. Das hat gezeigt, dass Teamarbeit mehr bringt, als wenn jeder seinen Kopf durchsetzen will.

VICTORIA, 13

In den vielen verschiedenen Spielen erfährst du am besten, wie du dich in bestimmten Situationen verhältst und welche Gefühle du dabei hast. Denn darum geht es: sich seine eigene Haltung und seine eigenen Gefühle bewusst zu machen und mögliche Lösungen für Krisen zu finden.

Natürlich lässt sich das nicht in zwei Tagen lernen. Und natürlich hat sich auch die Situation in der 7c nach diesem Kurs nicht gleich komplett gewandelt. Aber »Zammgrauft« hat trotzdem etwas bewirkt – wenn alle dies als Anfang begreifen, an dem sie gemeinsam weiterarbeiten müssen:

> **Eigentlich könnte man sich mal zusammensetzen und darüber reden, wie wir das bei »Zammgrauft« gelernt haben. Das würde auch schon helfen.**
>
> MANUEL, 12

2. »Faustlos«

> **Bei »Faustlos« lernen wir, mit den anderen richtig umzugehen und ihnen nicht wehzutun. Wir lernen, uns wieder zu vertragen, wenn wir uns gestritten haben. Wenn man weiß, wie der andere sich fühlt, dann schlägt man ihn auch nicht. Weil man sich dann ja vorstellen kann, dass das wehtut. Wenn man erst einmal anfängt zu hauen, wird das ja immer doller und dann kann man jemandem ja sehr wehtun. Deshalb ist es besser, einen Streit mit Worten zu regeln.**
>
> JOHANNA, 8

Johanna geht in die 3. Klasse der Regenbogen-Grundschule in Taunusstein. Ihre Schule macht bei dem Projekt »Faustlos« mit.

»Faustlos« ist ein bundesweites Projekt zur Gewaltprävention – also zur Vorbeugung von Gewalt. Fachleute haben herausgefunden, dass dieses Projekt das Verhalten der Teilnehmer langfristig verändern kann. Sie sagen: Wer ein »Faustlos«-Training mitgemacht hat, ist danach weniger aggressiv, dafür aber hilfsbereiter, offener und kompromissfähiger.

Bei »Faustlos« lernt man, sich sozial zu verhalten. Die Idee ist so ähnlich wie bei »Zammgrauft«: Du musst nicht mehr mit der Faust auf andere losgehen, wenn du selbstbewusst genug bist und gelernt hast, Konflikte gewaltfrei, also »faustlos«, zu lösen.

Anders als bei »Zammgrauft« kommen hier keine Polizeibeamten oder andere Fachleute in die Schule, sondern euer Lehrer führt das Projekt mit euch durch. Voraussetzung dafür ist, dass er zuvor eine »Faustlos«-Ausbildung gemacht hat.

Es gibt nur einen Nachteil: Im Moment wird »Faustlos« nur für Kindergärten und Grundschulen angeboten. Aber auch wenn du inzwischen nicht mehr in der Grundschule bist, kannst du dir einige gute Ideen für ein friedliches Miteinander abschauen!

So funktioniert »Faustlos«:

Bei »Faustlos« lernst du in drei verschiedenen Bereichen:

- Empathie, also Mitgefühl und Hineinversetzen in die Lage des anderen
- Kontrolle des eigenen Verhaltens
- Umgang mit Ärger und Wut

> Unser Lehrer hat uns Folien gezeigt, auf denen man sieht, wie es dem anderen geht. Im Gesicht kann man erkennen, ob jemand traurig oder fröhlich ist. Dadurch lernen wir, genau zu sehen, wie sich der andere fühlt. Dann können wir das später bei einem Streit auch erkennen und uns besser in jemanden reinversetzen. Das hilft dann, den Streit besser zu klären.
>
> MARCEL, 9

Anhand solcher Fotofolien kannst du auch lernen, wie viele unterschiedliche Möglichkeiten es gibt, sich in einer kritischen Situation zu verhalten. Dazu dienen auch Rollenspiele und Diskussionen.

> Wenn man Rollenspiele macht, kann man sich besser reinversetzen, wie es einem anderen Kind geht. Da lernt man was. Man kann sich besser vorstellen, wie jemand sich fühlt. Das kann man auch am Gesicht sehen. Wenn zum Beispiel die Schultern runterfallen, dann ist jemand traurig. Oder wenn der Mund so nach unten hängt. Da hat man dann Mitleid.
>
> BIRKE, 9

Eine andere Übung heißt »Impulskontrolle«. Dabei lernen die Schüler, wie sie sich in einem Konflikt richtig verhalten: In welchen Situationen sie sich zum Beispiel einmischen und wann sie sich besser raushalten oder dass sie sich nach einem Streit auch wieder entschuldigen.

Außerdem geht es bei dieser Übung darum, mit dem eigenen Ärger umzugehen – du lernst, dich selbst zu beruhigen, damit du, statt einen unkontrollierten Wutanfall zu bekommen, darüber nachdenkst, weshalb du dich so geärgert hast.

> Also, wenn ich Streit habe, dann hole ich dreimal tief Luft, denke an was Schönes, zum Beispiel meinen Urlaub oder so und dann zähle ich von 10 – oder wenn ich ganz wütend bin, von 20 – rückwärts. Und dann beruhige ich mich wieder. Danach kann ich dann auch in Ruhe reden.
>
> BIRKE, 9

3. »Abseits?!«

»Abseits?!« ist ein Programm der Polizei, das sich Lehrer und Schulklassen kostenlos bestellen können. Dabei handelt es sich um ein so genanntes Medienpaket – das heißt, es besteht aus einer Videokassette und Arbeitsblättern für den Unterricht. Es soll zeigen, wie schnell du dich oder andere durch Gewalt ins Abseits stellen kannst. Dabei werden alle Themen aufgegriffen, über die du bis jetzt schon viel gelesen hast: verbale Aggression, Mobbing, körperliche Auseinandersetzung, Vandalismus und Abzocke.

Eine Filmszene heißt zum Beispiel: »Auf dem Schulhof«. Michael erpresst seine Mitschülerin Ella, die in fast allen Fächern gute Noten hat. Er fordert sie auf, seine Freunde die Mathe-Hausaufgaben abschreiben zu lassen, und droht ihr mit Gewalt, falls sie das nicht tut oder falsche Lösungen abliefert. Warum macht Michael das? Und wie würdest du dich an Ellas Stelle verhalten?

In einer anderen Szene geht es um Heike, die ihre Mitschülerinnen Anna und Lena zum Geburtstag einlädt. Doch die beiden mögen Heike nicht und behaupten gegenüber allen anderen Eingeladenen, die Party falle aus, so dass niemand zu

Heikes Geburtstag kommt. Ein klarer Fall von Mobbing. Wieso verhalten sich Anna und Lena so? Und was könnte Heike tun, um ihre Lage zu verändern? Diese und andere Fragen könnt ihr anschließend gemeinsam diskutieren, die Szenen nachspielen und euch vorstellen, wie ihr selbst in einer vergleichbaren Situation handeln würdet. Ihr könnt euch abwechselnd in die Rolle des »Täters« und des »Opfers« hineinversetzen und euch Möglichkeiten überlegen, wie die Konflikte am besten zu lösen sind.

Das Projekt »Abseits?!« ist für Schüler ab neun Jahren gedacht. Mehr Informationen dazu findet ihr im Internet unter www.polizei.propk.de. Dort können eure Lehrer das Medienpaket auch bestellen.

4. »Bus-Engel«

Ich bin seit etwa einem Jahr Bus-Engel. Morgens sorge ich dafür, dass sich die Schüler vor dem Bus in einer Reihe aufstellen, damit sie nicht drängeln, um in den Bus einzusteigen. Im Bus müssen sich alle hinsetzen, vor allem die Kleinen, damit ihnen nichts passiert. Außerdem passe ich auf, dass da nicht mit Müll rumgeschmissen wird und so.

Ich bin Bus-Engel geworden, weil mich das ankotzt, wie es da drin manchmal abläuft. Wie Kleinere behandelt und rumgeschubst werden, aber auch wie bescheuert sich manche einfach verhalten. Das Drängeln vorm Bus hat mich am meisten gestört. Als ich klein war, wurde ich selbst immer rumgeschubst oder nach hinten gezogen, damit ich als Letzte einsteigen musste. Oft wurden mir auch Sachen weggenommen und durch den Bus geworfen, das hat mich sehr geärgert.

Die Jungs sagen schon mal: »Du kannst mir doch nichts erzählen, du bist ja nicht meine Mutter.« Wenn ich dann sage, dass ich Bus-Engel bin, wissen nicht mal alle, was das ist. Viele sehen es dann aber ein und machen, was ich sage. Der Busfahrer kann ja auch die rausschmeißen, die sich nicht richtig benehmen. Wenn sie auf mich nicht hören, greift er ein.

JENNIFER, 16

Der Name »Bus-Engel« hört sich ein bisschen an wie »Schutz-Engel« – und genauso ist es auch gedacht: »Bus-Engel« beschützen andere auf der Fahrt im Schulbus. Es sind ganz normale Schüler, die sich freiwillig für diese Aufgabe haben ausbilden lassen.

In Schleswig-Holstein gibt es dieses Projekt seit fünf Jahren. Ziel ist es zu verhindern, dass in den Schulbussen randaliert wird oder es zu Schlägereien kommt.

In Schleswig-Holstein wohnen die Kinder einer Schule oft über viele, zum Teil weit auseinander liegende Dörfer verteilt und haben morgens und mittags lange Wege. Manche sitzen nach der Schule noch mehr als eine Stunde im Bus, bevor sie endlich zu Hause sind. Kein Wunder, dass es da manchmal ziemlich ausgelassen zugeht. Es wird randaliert, Sachen werden zerstört, die Busse beschmiert und verschmutzt.

> Ich habe schon mal mitgekriegt, wie ein Sitz aufgeschlitzt oder ein Feuerwerkskörper angezündet wurde, da hat es dann überall im Bus gequalmt und der Boden ist total verschmort. Ich finde das schlimm, wenn im Bus was kaputtgemacht wird. Eine Zweierreihe im Bus neu beziehen zu lassen kostet 1500 Euro, das ist ganz schön viel. Den Nothammer zu klauen ist auch nicht lustig, weil der im Ernstfall wirklich Leben retten kann, wenn ein Bus mal umkippt. Vor einiger Zeit hatten wir einige Rowdys im Bus, aber zum Glück ist das jetzt nicht mehr so wild. Jetzt halten sich eigentlich alle an die Spielregeln.
>
> MARCO, 16

Bus-Engel sind vor allem dort eine gute Idee, wo Schüler lange Wege mit dem Schulbus zurücklegen müssen. In Schleswig-Holstein werden jedes Jahr über 150 Bus-Engel für diese freiwillige Arbeit ausgebildet. Mitmachen kann jeder ab der 9. Klasse. Die Ausbildung ist kurz – sie dauert nur einen Schulvormittag. In dieser Zeit lernen die zukünftigen Bus-Engel aber ziemlich viel: Warum es gefährlich ist, wenn man im Bus steht, anstatt zu sitzen. Was man macht, wenn vor dem Bus gedrängelt und geschubst wird oder wenn Joghurtbecher durch den Bus fliegen. Und wie man dazwischengeht, wenn es zu Streitereien kommt.

Feste Dienstpläne haben die Bus-Engel nicht. Jeder macht auf seiner eigenen Linie »Dienst«.

Jetzt sind eigentlich alle zufrieden, dass es gut läuft. Früher war es manchmal richtig chaotisch in den Bussen. Das hat alle genervt, die Schüler und die Busfahrer. Am schwierigsten war es für mich mal, als sich fünf Leute geprügelt haben. Ich habe dann eingegriffen und die auseinander gebracht. Ich hatte da auch keine Angst dazwischenzugehen. Normalerweise hören die dann schon auf, sich zu prügeln. Oder ich hole halt noch einen zweiten Bus-Engel dazu. Diese große Prügelei habe ich aber am nächsten Tag mit unserer Bus-Engel-Leiterin besprochen. Bei großen Problemen gehen wir zu ihr.

MATTHIAS, 16

Einmischen dürfen sich die Bus-Engel nur dann, wenn sie es sich auch wirklich zutrauen. Sich selbst dürfen sie dabei natürlich nicht in Gefahr bringen. Meistens gibt es zwei Bus-Engel auf jeder Strecke, die sich gegenseitig unterstützen. Und wenn die sich alleine nicht durchsetzen können, ist da ja immer noch der Busfahrer, der die Sache klären kann. Die meisten Busfahrer in Schleswig-Holstein sind sehr froh, dass es die Bus-Engel gibt. Sie stehen normalerweise schon um vier Uhr morgens auf, um die Schüler rechtzeitig in ihre Schulen zu bringen. Klar, dass sie nachmittags nach Dienstschluss keine Lust mehr haben, einen schmutzigen, verwüsteten Bus aufzuräumen.

Das Projekt hat sich bewährt. Nach fünf Jahren haben sich die Reparaturkosten für Busse mit aufgeschlitzten Sitzen, bekritzelten Scheiben und Wänden und angekokelten Armlehnen um fast die Hälfte verringert! Das Gedrängel vor den Bussen hat abgenommen und heute fehlt in den Bussen kein einziger Nothammer mehr.

Die Bus-Engel machen ihre freiwillige Arbeit gut – und sie haben auch etwas davon: Sie können kostenlos mit dem Bus fahren, und zwar nicht nur in die Schule, sondern überall in ihrem Landkreis.

> **Als Bus-Engel bin ich beliebt, weil eigentlich alle finden, dass ich das gut mache. Bei uns gibt es im Bus keine Klagen. Wir haben mal einen Fragebogen rumgegeben, und da kam raus, dass eigentlich alle die Bus-Engel gut finden.**
>
> MATTHIAS, 16

EINE SCHULE OHNE GEWALT?

Vielleicht hast du Lust darauf bekommen, an deiner Schule etwas gegen Gewalt, Streit und Mobbing zu tun? Vielleicht haben dich die Geschichten von Marcel, Franziska und Rebecca daran erinnert, dass es auch bei dir in der Klasse Außenseiter gibt, die gemobbt werden? Und vielleicht hast du in diesem Buch ein paar Ideen gefunden, die du deinem Lehrer und deinen Mitschülern vorschlagen möchtest?

Alle vorgestellten Projekte sind dazu da, dein Selbstbewusstsein zu verbessern, dich zum Nachdenken anzuregen und dir zu zeigen, dass Veränderungen möglich sind. Natürlich nicht ganz von heute auf morgen. Aber Wissenschaftler haben die Wirksamkeit dieser Projekte bestätigt. Neben den genannten Beispielen gibt es noch eine ganze Reihe weiterer Initiativen. Einige Links findest du im Anhang.

Auch du persönlich kannst an deinem Verhalten etwas ändern: indem du die Augen offen hältst, registrierst, wenn es einem Mitschüler nicht gut geht, und ihm hilfst, anstatt als »Mitläufer« zu schweigen; indem du Streitereien und Konflikte fair austrägst und immer versuchst, dich in den anderen hineinzuversetzen. Auch das gelingt vielleicht nicht auf Anhieb. Aber langfristig wird es helfen, das Klima in deiner Klasse, deinem Freundeskreis oder deiner Familie zu verbessern.

Es lohnt sich immer, sich für einen friedlicheren und schöneren (Schul-)Alltag einzusetzen. Viel Erfolg!

STICHWORTREGISTER

ADRESSEN UND INTERNETLINKS

Projekte:

Wenn ihr nach einem Projekt sucht, das für euch interessant sein könnte, dann bittet euren Lehrer um Mithilfe. Die meisten der hier aufgeführten Projekte und Trainings richten sich an Schulklassen.

Simone Pöhlmanns Jugendstreitschule
Leopoldstr. 18
80802 München
Tel: 089/34023041
Ausbildung für Streitschlichter

Arbeitsgruppe SOS-Rassismus-NRW
Haus Villigst
58239 Schwerte
Tel: 02304/755190
www.sos-rassismus-nrw.de
Deeskalationstraining: Wie können Gewaltsituationen entschärft werden?

Kölner Trainingskollektiv für gewaltfreie Aktion und konstruktive Konfliktlösung
c/o Graswurzelwerkstatt

Scharnhorststr. 6
50733 Köln
Tel: 0221/765842
www.ndh.net/home/dilg/index.htm

Pfarrer Klaus. J. Burckhardt
Leonhardstr. 39
38102 Braunschweig
Tel: 0531/2702866
http://bs.cyty.com/elmbs/schritte.htm
Projekt »Schritte gegen Tritte«: Lernprojekt für Schulen in
Hessen und Niedersachsen

Heidelberger Präventionszentrum
Blumenstr. 15
69115 Heidelberg
Tel: 06221/914422
www.faustlos.de
Anti-Gewalt-Projekt für Kindertagesstätten und die
Grundschule

»Zammgrauft«
Jugendbeamten-Koordinationsstelle
Polizeipräsidium München – K314
Ettstraße 2
80333 München
Tel: 089/2910-4461
www.sport.musin.de/projekte/gewalt
www.polizei.bayern.de
Training für Klassen von Antigewalt bis Zivilcourage

Bus-Engel e. V.
Seekoppelweg 5a
24113 Kiel
Tel: 0431/6407410
E-Mail: BUS-Engel@uksh.de

Vodafone Stiftung Deutschland
Am Seestern 1
40547 Düsseldorf
Fax: 0211/533-1898
www.buddy-projekt.de

Programm polizeiliche Kriminalprävention der Länder und des Bundes
Zentrale Geschäftsstelle
Taubenheimstraße 85
70372 Stuttgart
Tel: 0711/5401-2062
www.polizei.Propk.de
Informationen der Polizei zur Gewaltprävention,
Medienpaket »Abseits?!«

www.sign-projekt.de
Projekt in Schulen, Ziele: Persönlichkeitsstärkung,
Kommunikation verbessern, Prävention

www.coolness-training.de

www.anti-gewalt.com

Arbeitsgemeinschaft Jugend & Bildung e. V.

Taunusstr. 54

65183 Wiesbaden

www.Basta-net.de

»Basta – Nein zur Gewalt« ist eine Jugendzeitschrift mit Erfahrungsberichten, Tipps, Aktionen und Adressen zum Thema Gewalt

Beratungsstellen (im Netz):

Die Nummer gegen Kummer

Mo – Fr 15 – 19 Uhr

Tel: 0800/1110333 kostenlos

www.kinderundjugendtelefon.de

www.youth4you.de

Hier beraten Jugendliche Jugendliche und vermitteln sie weiter an Beratungsstellen

www.teensonphone.de

Tel: 089-555389

Samstags zwischen 15 – 19 Uhr

Vom Münchner Kinderschutzbund

www.kummernetz.de

www.bke-sorgenchat.de

Montags bis freitags von 17 – 20 Uhr

www.das-beratungsnetz.de

www.bzfg.de

Berliner Zentrum für Gewaltprävention

Internetlinks

www.gewaltinfo.de

www.schulpsychologie.de
Webseite des Landesverbandes Schulpsychologie NRW für Eltern, Schüler und Lehrer. Tipps und Hilfen bei Schulproblemen.

www.netzgegengewalt.de

www.fassmichnichtan.de
Forum zum Thema Gewalt für Lehrer und Jugendliche. CD-Rom kann übers Internet kostenfrei bestellt werden.

www.fairlink.de
Internetaktion: Dialog unter Jugendlichen zum Thema Toleranz, Zivilcourage und Verantwortung

www.respekt-online.de